화성 트리플-엑스

- 일러두기
본문 내용 중 일부는 화성시 산업에 관하여 화성산업진흥원에서 작성한 〈화성시 산업환경〉, 〈화성시 산업 현황 및 과제〉, 〈화성시 전략산업 선정 및 육성 방안 수립을 위한 산업구조 분석〉, 〈화성산업진흥원 트리플-X 포럼 결과보고서〉, 〈경기·화성 화이트바이오산업 현황 조사보고서〉 등을 바탕으로 구성하였음을 밝혀둡니다.

나원주가 꿈꾸는 미래 신산업 발전전략

화성 트리플-엑스

나원주 지음

모아북스
MOABOOKS

화성으로의 전환: 제 삶과 트리플-X 전략

여의도 국회 12년!

청와대 1년 8개월!

화성산업진흥원 초대 원장 2년, 그리고 지금

내 삶의 터전은 화성으로 바뀌었다.

화성시 생활이 이제 셋째 해를 맞이하면서, 이곳에서 내가 겪은 경험과 추구한 꿈을 이 책에 담게 되었다.

화성산업진흥원의 초대 원장으로 처음 두 해를 보내며, 나는 화성 경제 발전과 미래, 그리고 진흥원의 성장을 위해 불타는 열정을 품었다. 2021년 2월 8일, 진흥원 식구 8명이 아무것도 없는 지금의 화성산업진흥원에 왔을 때 이미 정해진 운명이었다.

원장 자리에서 내려온 이후, 화성의 구석구석을 다니고 사람들을 만났다. 특히 내게 안식처를 제공한 봉담 인근 지역에 더욱 깊은 관심을 갖게 되었다.

미래의 화성, 살기 좋은 우리의 터전을 꿈꾸기 위해서다.

그 꿈을 이루기 위해 정치의 길로 나섰고, 그동안 화성에서 겪은 일, 화성에서 성장한 내 생각, 그리고 정치인으로서 내가 이루고 싶은 것을 이 책에 담았다.

이 책을 쓰면서 내게 격려와 도움을 아끼지 않은 모든 분들께 감사의 말씀을 전하고 싶다. 이 책이 화성 발전을 돕고, 독자들에게 희망과 즐거움을 주는 계기가 되길 바란다.

이 책에서 내가 제시하는 '트리플-X 전략'은 모빌리티 전환(MX), 그린 전환(GX), 디지털 전환(DX)의 세 가지 키워드를 핵심으로 한다. 이 키워드들은 미래산업 전환의 필수 요소이며, 이 세 가지 이슈에 인류의 미래가 달렸다.

트리플-X 전략은 화성시의 6대 전략신업인 미래 반도체, 지능형 미래차, 휴먼 헬스케어, 지능형 제조, 탄소 제로 시스템, 그리고 스마트 물류를 통합적으로 아우르는 방안이다. MX는 미래차와 물류를, GX는 휴먼 헬스케어와 환경을, DX는 반도체와 지능형 제조를 포괄하는 전략이다.

2021년 2월, 나는 문재인 대통령의 청와대 행정관 임무를 마치고 화성산업진흥원장에 취임했다. 이 자리는 독이 든 성배일 수 있는 곳이었지만, 첫 걸음부터 굳건히 서서 화성산업진흥원을 강력한 기관으로 성장시켰다고 확신한다.

이제 화성 사람으로서, 화성의 미래와 발전을 위해 더욱 힘쓸 것이다. 이 책이 그 시작이며, 이곳 화성이 내 삶의 터전이 될 것이다.

2023년 여름 봉담에서, 나원주

화성

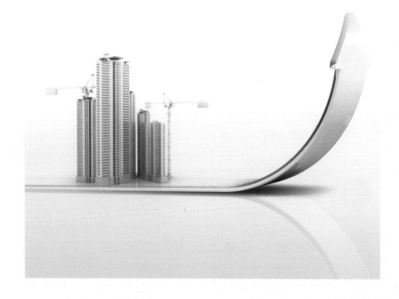

차
례

화성산업진흥원 초대 원장을 지내며
젊음의 패기와 기발한 아이디어로 화성의 성장을 이끌었다.
여의도 국회 생활 12년
청와대 생활 1년 8개월
중앙정치의 경험과 48세 젊은 정치인 패기로
화성 사람들과 함께 호흡하고 함께 성장하고 있다.

1장

48세 젊은 정치인. 나, 원주입니다

1

정치를 향한 끈질긴 도전: 나의 경험과 희망

2004년 5월 30일,

제17대 국회의원 강기정 의원실 비서로 정치에 입문해,

19대 국회까지 12년 동안 동고동락했다.

기초연금의 최초법인 기초노령연금법, 장애인차별금지법, 노인

장기요양보험법 등 국민의 삶에 밀접한 법안 제정에 기여했다.

2015년, 문재인 당 대표와 강기정 정책위 의장 시절,

헌정사상 최초로 공무원연금개혁 실무 총괄을 맡아 해냈다.

정치는 이해관계가 얽힌 갈등을 푸는 최고의 도구이다.

사회적 대타협으로 해결했다는 점에서 정치적으로도 매우 큰 사

건이었다.

저의 정치적 경험 중 가장 의미 있는 이슈였다.

제17, 18대 국회기간 동안, 국정감사를 통해 대우조선해양의 비리 사건을 밝혀냈다. 이 과정에서 주범들이 심판을 받게 한 데 기여했으며, 이로 인해 산업은행이 대우조선해양을 더 철저히 감사하게 되어 회계 부실을 질타하고 시정을 요구하게 되었다.

국회의원실 비서관 시절 강기정 국회의원, 동료들과 함께

2019년 1월 7일,

청와대 사회수석비서관실 행정관으로 입성하게 되었다.

김연명 사회수석과 함께

보건복지부터 교육, 기후환경, 여성, 가족 정책 등

다양한 사회정책을 다루면서, 나의 정치 인생에 또 하나의 장이

추가되었다.

사회수석님도 나도, 치아 손실은 훈장이 되었다.

청와대 행정관 시절 동료들과 함께 (가운데 줄 왼쪽에서 네 번째가 필자이다)

청와대 시절 가장 보람된 일은, 코로나와 미세먼지 대응이다.

2020년 1월 20일, 코로나 첫 환자가 발생했다. 당시 청와대에서는 중국 등 타국을 주목하면서 코로나 국내 유입을 막기 위해 최선을 다했지만 첫 환자가 발생한 것이다.
코로나 바이러스와의 본격적인 전쟁이 시작되었다.

국무총리를 중심으로 한 중대본을 결성하고 시스템을 구축해 차근차근 대응했지만 한계가 있었다. 특히 마스크 대란은 잊을 수가 없다. 청와대 각 부서가 모여 매일 회의를 하며 마스크 재료인 부직포를 확보하고 시중에 빠르게 공급하여 매점매석을 못하게 해 극복했던 것은 참으로 놀라운 일이었다.

2019년에는 미세먼지가 핫이슈였다.
오죽했으면, '문재인 대통령 지지율이〈미세먼지 논란〉에 뚝'이라는 기사 제목이 있었을까. 3월 10일 반기문 전 유엔사무총장을 국가기후환경회의 수장으로 모셔 출범시키고 미세먼지가 극심한 날에는 석탄발전소 가동을 중단시켰다.

코로나가 한창 유행할 때 인도와 중국 하늘이 맑은 사진을 보면서, 지구의 바이러스는 인간이라면서 회자됐던 말이 생각난다.

청와대 행정관 시절에 문재인 대통령과 함께 (뒷줄 오른쪽에서 두 번째가 필자이다)

2020년 12월 18일,

창립대회에서 이사진을 구성되고,

화성산업진흥원장에 임명되었다.

원장을 하면서 가장 역점을 둔 것이 기업 현장이었다.

주 1회 기업 방문을 목표로 현장을 방문했다.

삼성전자 공장이 있는 동탄부터

기아자동차가 있는 우정읍까지 화성 전역을 누볐다.

화성시 6대 전략산업을 마련하고 미래를 대비했다.

2

화성산업진흥원을 이끈 젊은 원장의 2년

무슨 일이든 시작이 가장 어렵다.

불모에서 새싹을 틔우고,

첫 단추를 끼우는 일이기 때문이다.

한시도 한눈팔 새도 없고 여념도 없다.

화성산업진흥원의 시작이라고 예외일 수가 없다.

16년 쌓은 경험, 화성에 쏟아붓다

"화성시, 지역의 미래 과학기술 프로젝트 118억 확보

소공인 복합지원센터 80억 확보

화성산업진흥원 예산 2021년 37억→2023년 101억

화성시 기업인과 소공인을 위한 동탄 인큐베이팅 공간 1,000여

평 확보"

화성산업진흥원 초대 원장을 지내면서 우리 직원들과 이뤄낸 굵

직한 성과다.

화성산업진흥원 창립총회에서 (태극기 옆이 필자)

유창희 본부장, 최도환 본부장, 이덕 팀장, 이하정 팀장, 박희준 팀장 그리고 직원들이 모두 큰 고생을 해주었다.

초대 원장으로서 주요 역할 중 하나는 화성시 공무원, 시의회, 국책기관, 정부 그리고 국회까지 직원들과 함께 협의하고 설득하는 것이었다.

진흥원장 재직 시절, (현)김동연 경기지사와 함께

국회의 경험은 화성시 공무원, 시의회 등에 업무를 설명하고 예산을 확보하는 과정에 큰 도움이 되었다. 직원들에게 업무를 하는 것도 중요하지만 시와 의회를 설득하는 것도 중요함을 강조했다.

「지역의 미래 과학기술 프로젝트」는 그런 경험이 모두 모여 첫 해에 이룬 성과다. 시를 설득해 화성시 미래 먹거리를 위해 반드시 필요함을 역설해 과학기술부 사업에 응모해 선정되었다. 이후에는 추경 편성을 위해 시의회에 출석해 발언하고 시의원 현장 방문 때 중요성을 역설했다.

「화성 소공인복합지원센터」 공모 및 「동탄 인큐베이팅센터」 공간 확보 등도 우여곡절이 많았다.
사업이 무산되고, 또 무산됐지만 끝까지 해낸 진흥원 임직원들이 자랑스럽다.

화성시가 직접 보육하는 이 공간은 앞으로 화성시 스타기업이 탄생할 장소가 될 것이다. 비록 시작은 20여 개의 기업으로 시작되지만 향후에는 화성시를 넘어 대한민국을 대표하는 기업이 탄생할 것으로 기대하고 있다.

화성산업진흥원 초대 원장으로서 화성을 산업 대전환의 새로운 선두주자로 발전시킬 청사진을 세웠다. 공허함이 아닌, 구체적이고 혁신적인 성과를 창출할 수 있는 비전이 필요했다.

화성이 우리나라 산업 전환의 선두주자가 된다면, 우리나라는 전 세계적인 산업 전환의 주도적인 역할을 하게 될 것이다. 그러나 나의 꿈은 여기서 그치지 않았다.

화성, 대한민국을 넘어서 세계로 향했다.

2장

트리플-X, 화성의 미래를 꿈꾸다

트리플-X, 글로벌 산업의
패러다임과 대응

미래 산업으로 전환하는 필수 키워드는 모빌리티, 그린, 디지털 세 가지이다. 피할 수 없는 이 세 가지 이슈에 산업의 미래가 달렸다. 여기에 '전환' 을 의미하는 X를 붙여 MX(모빌리티 전환), GX(그린 전환), DX(디지털 전환)를 '트리플-X' 전략으로 삼았다. 화성의 산업에 디지털 전환, 미래차 전환, 친환경 전환이라는 3대 비전을 제시한 것이다.

세계 경제의 불안정성과 우리나라의 위기

세계 경제는 성장세가 둔화하고, 경기침체의 위험에 놓였다. 코로나 사태, 우크라이나 전쟁 같은 불확실성도 경제의 발목을 잡고 있다. 설상가상 금리 인상과 인플레이션 압력까지 전 세계 경제상황은 어려운 상황에 직면해 있다.

올해 우리 경제는 위기의 최전선에 직면해 있다. 우리 무역의 흑자 구조를 떠받쳐온 중국 무역수지가 적자로 돌아선 가운데 정치적 리스크까지 더해 갈수록 악화할 태세다. 특히 우리 수출의 주력상품인 반도체는 대외적으로 심각한 위기에 직면했다.

주요 산업 분야의 위기와 그 대응

당장 중국 수출만 해도 이대로 가면 지난해의 반 토막이 날 게 분명하다. 석유제품과 철강도 고전을 면치 못하고 있는데다가 제2의 호황을 누리게 되었다는 조선은 이미 수주해 놓은 물량의 상당량이 채산성이 떨어져 한동안은 적자를 면치 못할 지경이다. 자동차는 전기자동차와 자율주행이라는 친환경과 첨단기술에서 글로벌 선두

기업들을 추격해야 하는 벅찬 과제를 안고 있다.

미래 산업으로 이차전지나 디스플레이 그리고 바이오나 로봇산업을 들지만, 이 역시 사활을 건 글로벌 경쟁의 거센 풍랑에서 살아남아 그 열매를 누릴 수 있을지, 낙관할 수만은 없는 현실이다.

산업의 대전환: 새로운 도전

새로운 산업의 대전환 바람이 불고 있다. 산업 대전환을 이루려면 산업 특성에 맞는 맞춤형 전략을 수립하여 실행해야 한다. 국가별, 지역별 산업 환경도 고려해야 할 요소다. 전환하려는 산업을 창출하고 이끌어갈 인재 양성도 빼놓을 수 없다.

산업의 대전환은 우리 일상의 대변화에 따른 것이다. 이미 상당한 수준으로 이루어진 산업의 대전환이 우리 일상을 변화시킨 측면도 있지만, 기후위기에 따라 더욱 거세지는 환경 규제 요구, 코로나 사태로 더욱 빨라진 비대면의 사회화, 100세를 향해 가는 기대수명의 연장 등이 우리의 일상을 재편해가고 있고, 그런 일상의 재편이 산업의 대전환을 더욱 빨라지게 하고 있다.

화성을 산업 대전환의 선도도시로

화성산업진흥원 초대 원장으로서 화성을 산업 대전환의 선도도시로 키우자는 발상을 내놓고 본격적인 연구 작업에 들어갔다. 그럴듯한 말로만 적당히 포장해 내놓아서는 안 될 일이었다. 어느 지자체나 그 정도는 다 하는 일이기도 하거니와 실제로 획기적인 성과를 낼 수 있는 기획이어야 했다. 나는 지금껏 무슨 일이든 안 했으면 안 했지, 하는 시늉만 낸 적이 없다. 한번 시작한 일은 열과 성을 다해 끝을 보아야 직성이 풀렸다. 공직자로서 당연한 태도였다.

화성의 선도로 한국의 세계적 지위 확립

화성이 우리나라 산업의 대전환을 선도하게 된다면, 우리나라는 글로벌 산업의 대전환을 선도하는 국가로서 위상을 높일 터였다. 내 꿈은 화성에 머물지 않고 우리나라를 넘어 세계로 향했다.

트리플-X 전략: 모빌리티(MX), 그린(GX), 디지털(DX)

미래 산업으로 전환하는 필수 키워드는 모빌리티(Mobility), 그린 (Green), 디지털(Digital), 세 가지다. 피할 수 없는 이 세 가지 이슈에 산업과 인류의 미래가 달렸다. 여기에 '전환'을 의미하는 X를 붙여 MX(모빌리티 전환), GX(그린 전환), DX(디지털 전환)를 야심 찬 '트리플-X(Triple-X)' 전략으로 삼았다. 화성의 산업에 디지털 전환, 미래차 전환, 친환경 전환이라는 3대 비전을 제시한 것이다.

▶ 화성시 미래산업 전환 트리플-X

◀ 6개 전략산업(미래반도체, 지능형 제조, 지능형미래차, 스마트물류, 휴먼헬스케어, 탄소제로시스템)에 대해
디지털 전환(DX) , 모빌리티 전환(MX) , 그린전환(GX) - 트리플-X 추진
◀ 화성시의 전략산업 분야 미래선도를 위해 산·학·연·관이 협력모델인 **Triple-X 포럼** 운영

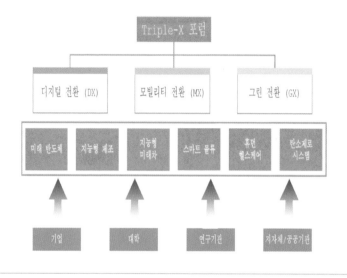

트리플-X 전략과 화성시 6대 전략산업

　미래 반도체, 지능형 미래차, 휴먼 헬스케어, 지능형 제조(소부장), 탄소 제로 시스템(환경), 스마트 물류 등의 화성시 6대 전략산업을 3가지 키워드로 묶은 것이기도 하다. MX는 미래차와 물류, GX는 휴먼 헬스케어와 환경, DX는 반도체와 소부장 산업을 아우른다.

트리플-X 포럼을 알리는 포스터

화성산업진흥원의 성과와 예산 확대

화성산업진흥원은 기업과의 적극적인 교류와 활발한 활동을 통해 실질적인 지원 성과를 거둔 결과 진흥원 예산을 2021년 36억 원에서 2023년 101억 원으로 대폭 증액할 수 있었다. 2년 만에 예산을 3배나 늘려 확보한 것이다. 이로써 화성산업진흥원은 단기간에 화성산업의 지속 가능한 성장을 주도하는 기업 지원 전문기관으로서 명실상부한 입지를 굳히고 기대감을 높였다.

트리플-X 정책의 세밀한 수정과 발전

우리는 끊임없는 연구와 산업현장의 요구 파악, 그리고 각 분야 전문가 집단과 함께하는 지속적인 세미나를 통해 트리플-X 정책을 더욱 정교하게 다듬어 실효성을 높여갔다.

2

트리플-X, 화성산업의 미래를 위한 첫걸음

우리는 '화성시가 트리플-X를 발판으로 K-미래 산업의 핵심 거점이 될 것' 이라는 비전을 세웠다. 이에 따라 화성산업진흥원은 화성산업 진흥을 위한 전 주기적 기업 지원 역할을 맡았다. 기업 지원 원스톱 창구 '기업지원플랫폼' 을 구축해 화성시 2만7천여 제조기업 지원에 나섬으로써 지원의 사각지대를 해소하는 한편 미래 산업으로의 전환을 위한 특화사업 발굴 등에도 발 벗고 나섰다.

화성산업의 100년 대계: 트리플-X 전략

화성산업의 100년 먹거리를 마련하기 위한 기획이 트리플-X 전략이다. 화성산업 100년의 미래를 열고 책임질 회심의 작품으로, 화성산업진흥원이 자청하여 짊어진 과제이기도 하다. 미래 산업의 백년대계를 트리플-X에 맡긴 것이다.

MX: 초자동화 시대의 도래

모빌리티는 자동화의 역사와 깊은 관련이 있다. 소달구지나 마차가 자동화한 것이 자동차다. 그런데 이제는 자동화를 넘어 초자동화 시대다. MX는 바로 초자동화와 연결되어 있다. 공상과학영화에서나 나오는 순간이동이 머잖아 현실에서 일어날지도 모를 일이다.

이미 진행 중인 4차 산업혁명은 기존의 자동화 개념을 뛰어넘어 상상을 불허할 정도로 고도화된 형태의 자동화에 기반을 두고 있다. 인공지능, 빅데이터, 사물인터넷 같은 기술이 상용화됨에 따라 자동화는 더욱 첨단화면서 다양한 영역으로 확장되고 있는데, 바로 자동화 너머의 초자동화(hyper-automation)다.

인공지능, 기계학습, 로봇공학 등에 기반을 둔 초자동화는 모빌리티 혁신의 원동력이다. 4차 산업혁명에서는 다양한 첨단기술이 자동화를 더욱 촉진하고 있다. 이에 따라 제조, 서비스, 물류 등 다양한 산업 분야에서 초자동화가 이루어지고 있다.

MX 분야의 청사진 구체화를 위한 노력

우리는 MX 분야의 청사진을 구체화하기 위해 미래 산업 변화에 대한 자동차회사의 대응 전략, 자율주행 개발 현황과 과제, 미래차 부품산업 육성을 통한 공급망 안정화 방안, 탄소 제로 시대의 전기자동차 발전 전망과 과제, 수소 비즈니스 기획 등을 주제로 세미나를 진행하는 한편 다각적인 연구개발 활동을 펼쳤다.

GX: 지속 가능한 성장을 위한 의무와 요청

GX는 더 미룰 수 없는 시대적 요청이자 글로벌 산업계의 의무다. 인간이 문명을 누리는 대가로 초래한 지구 환경 위기는 파멸 직전으로 치달았다. 무분별한 개발과 성장에서 나오는 이득과 편의에 눈이 멀어 환경을 희생한 탓이다.

GX와 기후변화에 대응하는 국제사회의 행보

글로벌 산업계는 이미 환경이라는 비재무적 요소로 인해 성패와 흥망이 갈리게 되었다. 지구 환경이 날로 악화하면서 기후변화에 대응하기 위한 국제 합의가 진화하여 민간기업들이 저탄소 경영, 환경 보호 움직임 등에 동참하고, 1990년대 이후 기후변화 문제에 대응하기 위한 국제 합의, 협정, 수행원칙 등이 수립되었다.

1992년에 각종 온실기체 방출을 제한하여 지구온난화를 억제할 목적으로 유엔기후변화협약이 체결되고, 1997년에 채택된 교토 의정서는 37개 선진국에 온실가스 배출량 감축 의무를 부여했다. 2015년에 196개국이 서명한 파리협정은 지구 평균온도 상승 폭을 산업화 이전 대비 1.5도로 제한하는 것을 목표로 하는 보편적인 기후변화체제다.

기후변화에 대응하는 국제사회의 이런 기류를 업고 EU는 2019년에 발표한 '그린 딜' 전략에 따라 기존 환경규제의 적용 대상과 기준을 대폭 확대·강화하고 있다. CBAM(기업의 공급망 실사), CSRD(기업의 지속가능성 공시) 등이 대표적인 환경규제 지침이다.

CBAM은 온실가스 배출 규제가 느슨한 국가에서 생산된 제품을 EU로 수출하는 경우 해당 제품을 생산하는 과정에서 나오는 탄소배출량 추정치를 EU의 ETS(탄소배출권거래제)와 연동해 탄소세를 부과하는 조처다.

EU는 우선 6개 품목(철강, 알루미늄, 비료, 전기, 시멘트, 수소제품)에 대해 2025년까지 '보고 의무 부과 기간(전환 기간)' 으로 정하고, 이듬해부터 2034년까지 단계적으로 CBAM을 시행한다. 이는 해당 제품을 생산하는 기업에는 전례 없는 위기이자 기회가 될 것이다.

GX 분야의 청사진 구체화를 위한 노력

우리는 GX 분야의 청사진을 구체화하기 위해 항체 약물 복합체 기술개발의 최신 동향, 친환경 에너지 절약형 차세대 디스플레이 소재 및 소자 기술 등을 주제로 세미나를 진행하는 한편 다각적인 연구개발 활동을 펼쳤다.

DX와 4차 산업혁명

DX는 4차 산업혁명 과정에서 나온 개념으로, 기업의 제조 및 서비스 등 경영 전반의 업무를 플랫폼 등 디지털 기술 기반으로 전환하는 포괄적 의미를 담는다.

제조업은 클라우드 환경에서 제조 현장과 가상 플랫폼을 연결하여 정보를 수집·저장·가공하고, 인공지능으로 분석·판단하여 제조 현장 통제체계를 구축하여 운영한다. 따라서 DX에는 기본적으로 대용량 데이터 저장장치, 클라우드 기반의 플랫폼이 필요하다.

반도체 산업과 DX

우리는 DX 분야의 청사진을 구체화하기 위해 반도체산업의 최근 이슈 및 전망, 반도체 소자의 발전 현황과 미래 전망 등을 주제로 세미나를 진행하는 한편 다각적인 연구개발 활동을 펼쳤다.

'4차산업의 쌀'로 불리는 반도체는 컴퓨터, 스마트폰, 자동차, 가전 등 거의 모든 첨단 제품에 사용되는 핵심 부품이자 모든 제품을 첨단화하는 산업의 심장이다.

따라서 4차 산업혁명의 시대에도 촉망받는 기업은 대다수가 반도체 관련 기업일 수밖에 없다.

우리나라 반도체산업을 이끄는 삼성전자와 SK하이닉스는 반도체에서 이미 세계적인 기업으로, 메모리 분야 세계 1, 2위의 위상을 지키고 있다.

세계 반도체 기업들의 동향과 전망

인텔은 마이크로프로세서 관련 제품으로 유명한 반도체 선도 기업 중 하나로, 개인용 컴퓨터, 데이터센터 및 사물인터넷(IoT) 장치를 포함한 다양한 분야에서 두각을 보인다.

대만의 TSMC는 파운드리(위탁생산) 분야의 세계 최대 반도체 기업으로, 스마트폰, 자동차, 고성능 컴퓨팅 등 다양한 산업에 사용할 칩을 제조한다.

NVIDIA는 게임, 인공지능 및 데이터센터의 필수 구성 요소인 그래픽처리장치(GPU) 분야에서 세계적인 기업으로, 자율주행 차량, 로봇 공학 및 에지 컴퓨팅을 위한 솔루션까지 제품 포트폴리오를 확장하면서 반도체 시장의 강자로 부상했다.

AMD는 프로세서와 그래픽카드 분야의 세계적인 반도체 기업으로, CPU 시장에서 인텔과 경쟁하고 있다.

우리는 이들 반도체 기업들을 비롯하여 세계적인 반도체 소부장 기업들의 발자취를 추적하고 미래 전망 보고서를 참조하여 DX 전략을 수립했다.

화성시와 K-미래산업의 핵심 거점 구축

우리는 화성시가 트리플-X를 발판으로 K-미래산업의 핵심 거점이 될 것이라는 비전을 세웠다.

이에 따라 화성산업진흥원은 화성산업 진흥을 위한 전 주기적 기업 지원 역할을 맡았다. 화성시 기업지원사업 안내부터 접수까지

가능한 기업 지원 원스톱 창구 '기업지원플랫폼'을 구축해 화성시 2만 7천여 제조기업 지원에 나섬으로써 지원의 사각지대를 해소하는 한편 미래산업으로의 전환을 위한 특화사업 발굴 등에도 발 벗고 나섰다.

트리플-X포럼 현장

그런 가운데 우리 화성산업진흥원은 2022년 과기부 '지역의 미래를 여는 과학기술 프로젝트'에 선정되어 화이트 바이오 혁신클러스터 사업단을 구성하면서 118억 원 규모의 '환경 및 피부 친화 바이오 애티브 스킨 마이크로마이옴 소재 및 바이오 에멀전 개발' 과제를 수행하게 되었다. 이 역시 넓게 보면 트리플-X 전략 가운데 GX 분야의 개가로, 전체 트리플-X 전략 추진에 힘을 실었다.

트리플-X 전략과 화성산업진흥원의 역할

트리플-X 전략 추진은 화성시 미래 산업군인 중소기업의 미래산업 발전 방향성을 제시하고 성장을 지원하는 좌표가 될 것으로 기대한다.

종합하면, 트리플-X 전략을 수립하고 추진하는 과정에서 화성산업진흥원이 중심이 되어 민·관·학·연이 함께 협업하는 미래에 대한 선제적 대응이 필요하다는 사실에 공감하면서 향후 화성산업진흥원의 역할과 사업 추진 방향을 설정하는 전환점이 되었다.

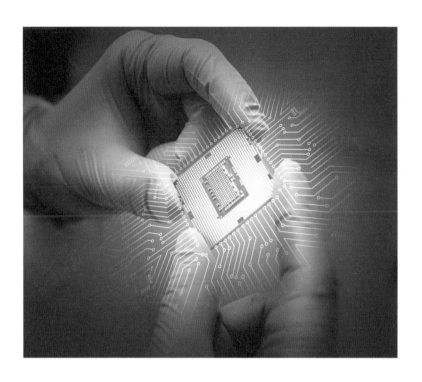

서쪽으로 해안과 넓은 평야를 낀 화성시의 면적은
서울시의 1.4배에 이른다.
인구 120만 수원시 면적의 6배에 가까운 어마어마한 크기다.
이는 마산 · 진해 · 창원의 3개 시가 합쳐진 창원시에 버금가는
면적으로, 앞으로도 전국에서 발전의 여지가 가장 큰
도시라고 할 수 있다.
이런 화성의 미래는 100만 인구와 함께
지정될 특례시에 비전의 초점이 맞춰져 있다.

3장

화성, 내가 생각하는
지속 가능한 성장

1

지속 가능한 경영의 실행

우리는 지속 가능한 경영을 위해서는 사회적 가치 실현을 위한 기관장의 경영 노력이 무엇보다 중요하고 절실하다는 것을 인식하고, 여러 가지 구체적인 실천 방안을 마련했다.

기관장 주도로 '갑질 근절 서약서'를 낭독함으로써 갑질 근절의 강력한 의지를 전파하는 한편, 청렴 문화를 조성하기 위한 청렴 서한을 발송했다.

기관장의 경영 노력으로는 윤리 경영, 안전 경영, 친환경 경영, 소통 경영, 지역경제 공헌 경영, 사회적 약자 배려 경영의 6가지 경영 방향을 제안하고 실천했다.

리더십의 중요성

정부든 지자체든 기관이든 기업이든 간에 어떤 조직이 지속 가능한 경영을 하기 위해서는 무엇보다 경영자를 비롯한 경영진의 최적화된 리더십이 필요하다.

그 리더십은 조직의 사명과 사회적 역할을 명확히 파악하고 경영목표를 달성하는 한편 조직구성원이 행복하게 일할 수 있는 근무환경 조성에 초점이 맞춰져야 한다. 제아무리 탁월한 리더십을 갖췄더라도 그 방향이 올바르지 않으면 오히려 조직의 목표 달성에 장애가되고 조직구성원을 불편하게 할 뿐이다.

지속 가능한 경영에 대한 세부 지침

우리는 지속 가능 경영의 기반을 마련하기 위한 세부 지침을 실천하는 한편 외부 기관에도 제안했다. 당장 실천할 수 있는 것부터 꼭 실천해야 할 것 중심으로 현실적인 방안을 실천하고 제안하고자 노력했다.

사회적 가치 실현을 위한 기관장의 역할

우리는 지속 가능한 경영을 위해서는 기관장의 사회적 가치 실현을 위한 경영 노력이 무엇보다 중요하고 절실하다는 것을 인식하고, 여러 가지 구체적인 실천 방안을 마련했다.

'갑질 근절 서약서' 및 청렴 문화 조성

기관장 주도로 '갑질 근절 서약서'를 낭독함으로써 갑질 근절의 강력한 의지를 전파하는 한편, 청렴 문화를 조성하기 위한 청렴 서한을 발송했다.

경영의 다양한 방향성 제안

기관장의 경영 노력으로는 윤리 경영, 안전 경영, 친환경 경영, 소통 경영, 지역경제 공헌 경영, 사회적 약자 배려 경영의 6가지 경영 방향을 제안하고 실천했다.

경영 방식	주요 내용
윤리 경영	공정과 청렴의 의무 이행과 문화 전파, 직원의 인권 보호 제도 마련과 인권 인식 개선 노력, 투명한 조직 운영과 정보 공개
안전 경영	안전기본계획 수립, 안전관리책임제 시행, 안전 예방 관리 점검 및 교육 시행
친환경 경영	적극적인 친환경 정책 추진, 친환경 생활 솔선수범
소통 경영	기업 지원 플랫폼 고도화 통해 기업인과의 소통 기반 확대, 진흥원 SNS를 통해 기업인과의 활발한 소통
지역경제 공헌 경영	관내 중소기업 용역 계약 및 물품 구매
사회적 약자 배려 경영	경영사회적 약자 생산품 우선 구매

고객의 개념과 변화

정부나 지자체의 행정기관이든 기업이든 외부고객과 내부고객이 있다. 외부고객은 행정기관의 서비스 대상인 국민이나 주민 그리고 기업의 상품이나 서비스 판매 대상인 소비자를 말하고, 내부고객은 공공기관의 공무원 그리고 기업의 직원을 말한다. 예전에는 "고객은 왕" 이라는 말이 상징하듯 정책과 관심이 외부고객에게만 쏠렸는데, 내부고객에 대한 인식이 크게 바뀌면서 내부에서의 소통과 동기부여가 중요한 과제로 떠올랐다. 먼저 내부고객부터 만족해야 외부고객도 만족하도록 할 수 있다는 사실을 깨닫게 된 것이다.

조직 내 업무 효율화를 위한 실천

우리는 조직구성원이 즐겁게 효율적으로 업무를 수행할 방안을 마련하고 구체적인 실천에 들어갔다. 그 효과는 기대 이상이었다. 이 밖에도 우리는 화성 관내 기업의 건의사항 청취를 위한 네트워크 구축, 임직원의 인사이트 역량 강화를 위한 교육 및 MZ세대와의 소통을 위한 MBTI 교육 이수, 4차 산업혁명 시대를 이끌어갈 융합형 인재 양성을 위한 교육 이수, 화성시와의 정책 공유 및 주무 부서와의 업무 협력을 위한 네트워크 구축, 경영 우수사례 벤치마킹을 통한 경영진의 전문역량 강화, 지자체 정부와 의회 그리고 주민 등 이해당사자와의 업무 협력 증진 및 지역 현안 해결을 위한 지원 및 방안 제시 등 진흥원의 기틀을 다지고 화성의 산업 발전을 위해 할 수 있는 모든 노력을 기울였다.

경영 전략과 전략 경영의 중요성

국가의 경영이든 소규모 조직의 경영이든 기업의 경영이든 간에 경영에는 전략이 따르게 마련이다. 이런 경영 전략에서의 '전략'은 가치중립적인 단어로, 전략적이지 못한 전략까지도 포함한다. 그러나 '전략 경영'에서의 '전략'은 전략적인 사고를 말한다. 그러니까 전략적인 사고를 경영의 기본 활동에 적용해나가는 경영 형태를 의미하는 것이다.

전략 경영 계획의 수립과 실행

전략 경영 계획을 수립하려면 먼저 경영 목표 수립을 위한 환경 분석이 필요하다. 경영 환경에는 내부 역량과는 무관한 외부 환경이 있고 내부 역량인 내부 환경이 있다. 내부 환경은 내부 역량의 문제이므로 계획을 세워 목표 수준에 도달시켜 유지할 수 있지만, 외부 환경은 현재 상황을 진단하여 앞으로의 흐름을 예측하는 선에서 대응할 수밖에 없어서 우리의 의지와 능력 밖의 일이다.

외부 환경 분석과 예측

그래서 외부 환경은 무엇보다 정확한 예측이 관건이다. 따라서 세분화하여 좀 더 정밀하게 상황을 분석하고 예측할 필요가 있다. 우리는 외부 환경을 정책 환경, 기술 환경, 사회 환경, 경제 환경으로 세분하여 분석하고, 그 분석 결과를 토대로 예측한 환경에 미리 대비하도록 했다.

비전과 미션의 중요성

전략 경영에는 미션과 비전의 수립이 중요하다. 우리는 화성시 기업 경쟁력의 제고와 산업의 고도화 지원을 미션으로 삼고, 시대를 선도하는 혁신을 통한 지속 가능한 산업생태계 조성을 비전으로 제시했다. 경영 목표 달성을 위해 추진한 '화100(백) 프로젝트'는 전략 경영의 꽃으로 100만 대도시 화성을 견인할 산업혁신 프로그램이다. 여기에는 화성시 창업 육성, 화성시 소통강화, 화성시 융합 확대, 화성시 산업 진흥이라는 4대 핵심 경영 목표가 압축되었다.

조직의 역량 강화 및 지속 가능한 경영을 위한 전략

경영자의 경영 철학이 아무리 뛰어나더라도, 경영진의 전략 경영 구상이 아무리 완벽하더라도 조직의 역량이 뒷받침되지 않으면 실현할 수 없으니 아무 소용이 없다. 이를 극복하기 위해, 조직은 인사와 교육 훈련을 통해 그 역량이 강화되고 유지된다.

인사 관리: 조직의 핵심

인사는 조직 구성의 뼈대다. 최적의 인재를 적재적소에 배치하는 것이 인사의 기본이자 핵심이다. 그러나 배치만으로는 충분하지 않다. 배치된 인재가 기대 능력을 마음껏 발휘할 수 있는 조직문화가 뒷받침되어야 한다.

조직문화 혁신의 필요성

조직 관리에는 공정한 인사와 더불어 반드시 업무 능률을 최대화할 수 있는 조직문화의 혁신이 동반되어야 한다. 이를 실현한 사례로는 2002년 월드컵에서 4강 신화를 쓴 축구 국가대표팀을 들 수 있다.

히딩크 감독은 선수들이 적어도 공 앞에서 만큼은 수직의 서열문화를 말끔히 지우고 수평 관계를 갖도록 조직문화의 혁신을 단행했다. 대표팀 선수 선발이나 경기 기용에서도 '이름값'을 버리고 순전히 현재의 경기력과 전술 수행 적합도만을 기준으로 삼았다. 이처럼 전례 없는 혁신이 가져온 결과도 전례 없는 대성공이었다.

조직 · 인사 관리를 위한 노력

우리는 이처럼 중요한 조직 · 인사 관리를 위해 가능한 모든 과제를 설정하고 실행했다. 이러한 노력을 통해, 조직의 역량을 강화하고 지속 가능한 경영을 이어나갈 수 있을 것으로 기대하고 있다.

2

화성을 위한 끊임없는 목표 초과

우리는 설립 이후 단기간에 실질적인 진흥 업무 수행에 필요한 예산 추가 확보에 성공했으며, 조직의 구성과 업무 역량을 본궤도에 올려놓음으로써, 진흥원의 미션인 기업 지원 업무에 나설 수 있게 되었다. 유례를 찾아보기 드문 일이다.

우리는 전략기획팀, 창업·산업육성팀, 기업성장팀, 경영총괄팀 등 4개 팀을 구성하여 운영함으로써 기업 활동을 체계적으로 지원했다.

화성산업진흥원의 설립과 초기 성장

화성산업진흥원의 성공적인 시작은 앞에서도 얘기했듯이 설립 첫해 예산이 37억여 원에서 2023년에는 101억여 원으로 늘어났으며, 바로 다음해에 일을 잘한 우수 기관으로 선정된 것만 봐도 알 수 있다. 우리는 설립 이후 단기간에 실질적인 진흥 업무 수행에 필요한 예산 추가 확보에 성공했으며, 조직의 구성과 업무 역량을 본 궤도에 올려놓음으로써, 진흥원의 미션인 기업 지원 업무에 나설 수 있게 되었다. 이는 유례를 찾아보기 드문 일이다. 우리는 전략기획팀, 창업·산업육성팀, 기업성장팀, 경영총괄팀 등 4개 팀을 구성하여 운영함으로써 기업 활동을 체계적으로 지원했다.

▲ 11월 17일 도시브랜드연구회가 유·무형 브랜드자원 활용 연구를 목적으로 화성시를 방문했다.(사진-고양특례시의회)

고양특례시 화성시 방문

중점과제와 혁신사업 추진

앞에서도 간단하게 언급했지만, 우리는 비전 달성을 위한 중점과제를 바탕으로 혁신사업을 추진했다. 그 중점과제란 화성시 창업 육성, 화성시 산업 진흥, 화성시 소통 강화, 화성시 융합 강화를 말한다. 이를 위해 각각 다양한 세부과제들을 설정하고 추진했다.

먼저, 화성시 창업 육성의 세부과제는 스타트업 이륙작전, 스타트업-로컬기업 어울림 사업, 창업투자펀드 조성 운용 등이 핵심이다. 이는 지속 가능한 100년 기업, 아기유니콘 100개 기업 육성의 초석으로 삼은 프로그램들이다.

다음으로, 화성시 산업 진흥의 세부과제는 산업 클러스터 기업 지원 방안 모색, 소부장 산업 육성 지원, 강소기업 육성 및 연구개발 지원, 정부 공모 과제 참여 지원, 중소기업 혁신성장 기술 지원, 콘텐츠 산업 육성 지원, 스마트공장 보급 및 확산 지원 등의 사업이다. 이는 미래 산업을 선도할 기반을 마련하기 위한 것이다.

그리고, 화성시 소통 강화의 세부과제는 화성 비즈니스 라운드테이블 운영, 기업 지원 원스톱 창구 운영, 미래 모빌리티 테크데이

개최 등의 사업이다.

끝으로, 화성시 융합 강화의 세부과제는 중소기업 판로 개척 지원, 대·중·소 기업 간 동반 성장 프로그램 지원 등의 사업이다.

우리는 경영 목표를 효과적으로 달성하기 위해 5개의 전략 목표, 21개의 전략 과제, 31개의 실천 과제를 설정하고 사업을 추진해나가는 한편, 기업의 자발적 참여를 확대하여 사업의 시너지 효과를 극대화함으로써 연이어 경영 목표를 초과 달성하는 성과를 냈다.

신규 사업 발굴과 추진

화성산업진흥원의 설립 목적에서 신규 사업을 계속 발굴하여 추진하는 것은 핵심이라고 할 만큼 중요한 사항이다. 우리는 중소기업부 ICT 융합 스마트공장 보급·확산 사업과 연계한 화성시 고유 사업 발굴, 화성시 콘텐츠 산업의 생태계 기반 조성을 위한 신규 사업 발굴 능을 석극적으로 추진했다. 또 중앙정부나 광역지자체가 공모한 사업에 화성시의 기업이 참여할 수 있도록 지원하는 일에도 발 벗고 나섰다.

'지역 상생 기업도시' 실현을 위한 노력

진흥원 출범 2년 차, 화성시에서는 '지역 상생 기업도시'를 시정 핵심 과제 중 하나로 삼았다. 이에 우리 진흥원은 관내 중소벤처기업의 종합적이고도 체계적인 육성에 대한 지원을 위해 역할을 확대하고 조직을 확대 개편하는 등 내부 역량을 강화했다.

우리는 '지역 상생 기업도시' 실현을 뒷받침하기 하기 위해 창업보육지원센터 개설 및 창업 비용 지원, 바이오산업 클러스터 조성 등의 사업을 수행했다.

성과와 미래 도전

우리는 이처럼 설립 초기, 불모의 조건에서도 불굴의 개척자 정신으로 치열하게 사업을 수행하여 고유사업 실적은 물론 연구 수행 실적, 창업 지원 실적, 기술 지원 실적, 상생 협력지원 실적, 기업 및 산업 진흥 교류 실적에서도 목표를 초과하는 뛰어난 성과를 이뤘다.

사회적 가치 확대하기 위한 새로운 경영 방식

경영의 사회적 가치 실현은 윤리와 인권 경영이 전제되어야 하고, 또 그것을 바탕으로 한다. 윤리 경영은 먼저 임직원의 도덕적 해이를 방지하고 부정부패를 예방하는 차원에서 꼭 필요한 경영 덕목이자 시대의 요청이다.

우리는 안전 경영에도 크게 관심을 기울였다. 누구나 안전한 일터에서 안전하게 일할 권리가 있으므로 안전 경영도 경영 목표에서 빼놓을 수 없는 핵심 과제다.

일자리 창출의 중요성과 노동-휴식 균형

일자리 창출은 사회적 가치 확대를 실현하는 바탕이 된다. 하나의 일자리는 한 가정을 꾸리게 하고, 그렇게 하나의 사회가 형성된다. 일자리 없이는 가정도 사회도 지탱할 수 없다. 일자리는 이토록 중요하지만, 일만 해서는 가정이 온전하게 유지될 수 없다. 노동의 의무가 있다면 휴무의 권리도 보장되어야 한다. 그래야 노동도 지속할 수 있다. 일과 휴식의 균형이 중요하다.

일자리 확대와 직원 복지 개선 방향

우리는 양질의 일자리 확대를 위해 상시 업무를 담당하는 신규 직원은 정규직 채용을 원칙으로 삼았다. 그리고 새로운 사업을 통해 일자리를 창출하는 한편 일과 가정이 양립하는 데 도움이 되는 제도를 찾아 선도적으로 추진했다. 주 52시간 초과 근로 예방을 위한 제도 마련, 자유로운 연차 사용 분위기 조성 및 운영의 유연성 확대, 부양가족을 위한 임금·복리후생제도 마련, 가정폭력을 비롯한 4대 폭력 예방 교육 시행 등을 추진했다

No.	개선 방향
1.	주 52시간 초과 근로 예방을 위한 제도 마련
2.	자유로운 연차 사용 분위기 조성 및 운영의 유연성 확대
3.	부양가족을 위한 임금 · 복리후생제도 마련
4.	가정폭력을 비롯한 4대 폭력 예방 교육 시행
5.	직원 경조사 전파를 위한 사내 게시판 설치 운영
6.	가족 경조사 및 출산 · 육아에 따른 휴가 · 휴직제도 마련
7.	직원 휴식권 보장과 건강 증진을 위한 복리후생제도 마련
8.	동종 유사 업무를 수행하는 계약직 처우 개선
9.	직원 인권 보호를 위한 각종 규정 마련 및 교육 시행
10.	근무 피로도 경감을 위한 유연근무제도 마련

소통과 참여의 중요성

어떤 조직이든 소통과 참여가 중요하다. 내부 소통은 물론이고 외부 소통도 그 못지않게 중요하다. 더구나 우리는 지역 산업의 진흥을 사명으로 탄생한 조직이므로 지역사회 및 지역기업과의 소통은 우리의 존재 이유라고 해도 과언이 아니다. 소통을 위해 첫 번째로 해야 할 일은 정보의 공개와 공유다. 즉, 모든 소통은 정보의 공개와 공유로부터 시작된다. 정보의 투명한 공개와 공유의 실행 없이 말로만 하는 소통은 그저 듣기 좋은 수사에 불과하다.

우리는 가동 가능한 모든 온·오프라인 채널을 통해 지역사회 주민 및 기업과 정보를 공유하고 생생한 의견을 경청하고 수렴했다. 필요한 경우에는 설문조사와 인터뷰도 병행했다.

우리는 이에 그치지 않고 소통과 참여에 따른 만족도를 평가하고 그 평가 결과를 개선책에 반영하는 선순환체계를 구축했다.

우리는 내부 소통에도 적극적으로 임했다. 기관장의 방문은 문턱 없이 상시 개방하여 누구든 언제라도 어떤 의견이든 개진하고 소통할 수 있도록 했으며, 찾아오기를 기다리기보다는 먼저 다가가서 의견을 청취하고 사전에 문제를 파악하는 노력을 기울였다.

우리는 경영계획 수립을 위한 관내 기업인 의견 청취, 기업 지원 사업 수요 조사 설문을 통한 기업 참여 반영, 상시 소통 창구 마련 및 청취 의견의 제도 반영, 월례회의를 통한 경영 참여 및 소통의 장 마련, 자문 노무사 운영을 통한 안정적인 노사 관리, 직원 복리후생을 향상하기 위한 선제적 조치, 불리한 단체협약 조항 개선을 위한 조치와 같은 노사분쟁을 예방하기 위한 장치를 마련하여 시행했으며, 평소에 노사협의회를 통해 신뢰를 쌓고 상생과 협력의 노사관계 정립을 위한 제도를 마련해갔다.

윤리와 인권 경영의 중요성

경영의 사회적 가치 실현은 윤리와 인권 경영이 전제되어야 하고, 또 그것을 바탕으로 한다. 윤리 경영은 먼저 임직원의 도덕적 해이를 방지하고 부정부패를 예방하는 차원에서 꼭 필요한 경영 덕목이자 시대의 요청이다. 우리의 이러한 윤리 및 인권 경영 노력에는 다음과 같은 구체적인 실천 과제들이 포함되었다.

No.	실천 과제
1.	정보의 투명한 공개와 공유로 부정부패 소지 원천 차단
2.	개인정보 보호를 위한 관리 체계 강화
3.	공정한 채용 규칙 및 인사제도 보완
4.	근로기준법 준수 계도 및 부당 갑질 행위 근절
5.	직장 내 성범죄 및 괴롭힘 예방을 위한 조치 강화
6.	주기적인 인권 교육 및 인권의식 개선 캠페인 시행
7.	사회적 약자 보호를 위한 제반 조치 시행
8.	일터 혁신을 통한 업무 만족도 배가 방안 마련
9.	규정 제정을 통한 성범죄 및 괴롭힘 피해자 구제 방안 마련
10.	모든 문제의 공정한 조사와 2차 피해 방지를 위해 심의위원회 구성

전곡항

지역사회와의 상생 발전을 위한 실천 방안

사회적 가치 실현에서 지역사회와의 상생 발전은 빼놓을 수 없는 핵심 요소이자 중요한 과제다. 구체적으로는 지역경제 발전에 공헌하고, 사회·문화·환경 등의 균형 발전에 이바지하는 것이다. 산학 협력체계 구축도 상생 발전의 중요한 축으로, 도시의 미래를 밝히는 등불 역할을 하게 될 것이다.

지역 상생 경영의 일환인 봉사활동

세부 실천 사항으로는 지역사랑 상품권 구매를 통한 지역경제 활성화, 관내 대학 경쟁력 강화를 위한 근로장학생 선발 배치, 지역 봉사활동을 통한 상생 인식 확산, 지역산업 진흥 전략 수립, 관내 사회적기업·사회적협동조합·마을기업 등과의 유대 강화 및 지원 방안 마련, 장애인 의무 고용 준수 등의 사회적 약자에 대한 배려와 존중, 관내 친환경 기업의 진흥을 위한 방안 마련 등을 꼽을 수 있다.

4

화성시의 급속한 진화: 새로운 시대의 도래

화성은 시 승격 당시(2001년)만 해도 인구 20여 만의 중소도시에 불과했다. 그로부터 22년 만인 현재 '인구 100만 도시'를 눈앞에 두고 있다. 지자체 경쟁력 평가에서 최근 6년 연속 종합 1위를 차지할 만큼 성장세가 두드러진 청년 도시이기도 하다.

화성시의 놀라운 성장: 중소도시에서 대도시로

우리 경기도 화성은 시 승격 당시(2001년)만 해도 인구 20여 만의 중소도시에 불과했다. 그로부터 22년 만인 현재 '인구 100만 도시'를 눈앞에 두고 있다. 지자체 경쟁력 평가에서 최근 6년 연속 종합 1위를 차지할 만큼 성장세가 두드러진 청년 도시이기도 하다.

화성시의 경제적 성장과 높은 재정자립도

화성시의 재정자립도는 꾸준히 상승한 끝에 최근 들어 서울 강남구를 제치고 전국 시군구 1위에 올랐으며, 화성은 CNN 선정 '앞으로 부유해질 도시'에도 앞자리에 이름을 올렸다.

인구 100만 도시의 변화와 특례시의 의미

인구 100만이 넘어가면 '특례시'로 지정되어 자치 범위가 넓어지고 자치권이 강화된다. 구체적으로는 중앙정부가 담당해온 광역교통관리 등의 90개에 이르는 기능과 400개에 가까운 단위 사무가 지자체로 이관된다. 그 밖에 인허가와 관련하여 시의 권한이 확대되고, 기초연금 대상자가 늘어나며, 사회복지 급여 혜택이 증가한다.

화성시의 다양한 산업 발달: 첨단산업, 농업, 어업

화성시는 대도시로서는 이례적으로 첨단산업뿐 아니라 농업과 어업도 발달했으며, 주민들의 삶에서 적잖은 비중을 차지한다. 경기도라면 이천시, 여주시, 평택시 같은 도농복합도시가 쌀을 비롯한 농업으로 유명하지만, 뜻밖에도 경기도 쌀 생산량 1위 지역은 화성이다.

화성시의 농업과 어업의 상징: 수향미와 남양 원님 굴회

서부 지역의 넓은 농지를 중심으로 농업이 발달했는데, 쌀은 '수향미' 라는 브랜드로 인기리에 판매된다. 또 송산면에서 재배하는 송산 포도는 전국적으로 유명하다. 그런가 하면 서해와 접한 어촌 지역에는 궁평항 직역을 중심으로 아직도 어업이 명맥을 잇고 있다. 예전에는 "남양 원님 굴회 마시듯" 이라는 속담이 생길 정도로 어업이 번성했는데, 서쪽 바다를 막은 이후로는 어업 인구가 크게 줄어들었다.

앞에서 말한 속담에서 번성했던 화성 어업의 과거를 짐작할 수 있다. 서해안에 접한 농어촌 지역, 즉 화성의 서부 지역은 예전에 남양군이었다. 그 남양에서 나는 굴이 워낙 맛있어서 부임하는 원님마다 굴회를 물마시듯 했대서 생긴 속담이다. 옛날부터 서해안 굴이 유명했는데, 바로 남양에서 나는 굴이 대표적이었다.

제부도 갯벌

화성시의 제조산업과 그 중요성

하지만 화성시 경제에서 가장 큰 비중을 차지하는 것은 제조업이다. 서부에는 현대-기아자동차와 그 관계회사들이, 남부에는 제약회사 공장들이, 동부에는 삼성반도체를 비롯한 여러 대기업과 중견기업의 생산 공장들이 화성의 주요 산업을 이루고 있다. 그리고 언뜻 보기에 산촌이나 농촌 같아 보이는 지역에도 수천 개에 이르는 중소기업과 공장이 들어서 있다.

화성시의 경제적 성과와 재정자립도 1위

바로 이런 화성의 제조 산업이 화성을 재정자립도 전국 시·군·구 1위에 오르도록 만들었다. 이처럼 화성은 경기도에서 기업이 가장 많은 도시답게 법인 지방소득세도 경기도에서 제일 많이 낸다.

기업도시 화성의 5대 장점

화성은 국가산단과 도시첨단산단을 비롯하여 산업단지가 20개에 이를 만큼 나날이 기업이 증가하는 기업도시다. 따라서 외부에서 많은 사람이 일자리를 찾아 들어오는, 일자리 많은 기업도시다. 그리고 의약품, 전기장비, 자동차 등 BIG 3 산업이 융성하는 미래형 기업도시다. 그런가 하면 인구증가율과 성장 속도 전국 1위의 젊은 기업도시다. 게다가 재정자립도와 지역 내 총생산에서 기초지자체 중 전국 최고를 다툴뿐더러 제조업을 기반으로 성장하는 탄탄한 입지의 기업도시다.

▶ 젊은 성장 도시

◁ 지난 10년간 **인구증가율 1위 도시** (행정안전부 '20. 1월)

◁ 기초지자체 중에서 화성은 **지방소멸의 위험이 가장 낮은 지역** (국회입법조사처 '21. 10월)

화성시 내국인 인구수

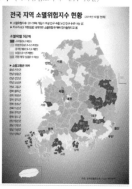

전국 지역 소멸위험지수 현황

▶ BIG 3 중심 기업 도시

◁ 매출규모 1~200위, 201~3000위, 3001~12000위 등 세 집단으로 구분했을 때,
매출규모가 클수록 '의약품', '전기장비', '자동차' BIG3 산업 활성화

- 특히, 의약품 제조업체는 매출규모가 큰 사업체들이 주를 이루고 있고 작은 사업체들은 거의 없는 편
- 매출규모가 작은 집단일수록 비중이 높은 업종은 '금속가공', '기타 기계·장비' 등

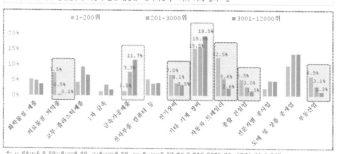

일자리가 많은 기업 도시

◁ 화성시는 해마다 공장등록수가 증가추세에 있음
◁ 화성시는 내부보다 외부로부터 출퇴근하는 사람이 더 많은 '산업도시 특성' 보유

화성시 공장등록수

기업이 증가하는 기업 도시

◁ 화성시에는 국가산단 1개, 도시첨단산단 1개, 일반산단 18개 등이 조성되었거나 조성 중
◁ 서부에는 계획입지 외에 다수의 개별 공장밀집지역들이 존재 / 지식산업센터를 중심으로 스타트업 유입

• 경기도내 지식산업센터 분포

5

화성의 미래산업 발전을 위한 전략

제조업의 생산성과 부가가치를 높이기 위해 우리는 산업시설 및 지원 체계를 디지털로 전환하고 제조시설을 스마트화하는 데 대한 지원 방안, 저탄소 시대를 선도하는 제조업의 그린 전환을 가속하는 방안, 미래차 모빌리티 전환 촉진을 위한 기업생태계 조성 방안 마련에도 역량을 집중했다.

화성의 산업 현황 및 변화

화성의 산업은 제조업이 주류를 이룬다. 그러나 제조업이라고 해서 그 옛날 '굴뚝 산업'으로 여겨서는 오산이다. 우리나라 제조업이 전체적으로 첨단화·고도화함에 따라 화성의 제조업도 그 흐름의 선상에 있기 때문이다.

스마트 제조의 진화

화성에 들어와 있는 삼성이나 현대 기아차 같은 대기업은 이미 스마트 공장을 가동하고 있고, 웬만큼 자금력 있는 중소기업들도 제조시설을 스마트화하고 있다.

진흥원의 방향성과 판단

우리 진흥원은 설립 준비 때부터 이런 흐름에 주목하여 궁극적으로는 화성 전체 제조업의 제조시설 스마트화야말로 혁신성장의 중요한 기반이자 지속 가능한 첨단산업도시로 가는 길이라고 판단했다.

진흥원의 산업 진흥 방안

그래서 우리는 중장기 산업 진흥을 위한 6가지 추진 방안을 마련하여 공유했다.

① 제조업 중심 고도화로 혁신성장 추진

디지털화, 친환경 전환, 모빌리티를 중심으로 전환하는 세계적인 산업 추세에 부응하여, 우리는 화성시의 제조 산업을 지속적으로 혁신하고 지속 가능한 성장의 토대를 구축하는 데 중점을 두었다.

제조업의 효율성과 부가가치를 향상시키기 위해서, 산업시설과 지원 체계를 디지털화하는 데 필요한 지원 방안을 모색하고 제조 설비의 스마트화를 추진했다. 또한, 저탄소 시대의 선도적인 위치를 유지하기 위해 제조업의 친환경 전환을 가속화하는 방안에 대해서도 적극적으로 노력했다. 미래 자동차 산업인 모빌리티로의 전환을 촉진하기 위해, 필요한 기업 생태계를 조성하는 방안에도 역량을 집중했다.

1. 지식산업센터 관리 지원 플랫폼 구축 및 디지털 연계를 통한 새로운 비즈니스 모델 창출 등 신성장 동력 기원 기반 확충
2. 탄소 중립 기술 지원을 위한 연구개발 운영 확대
3. 산업단지 내 친환경 인프라 구축
4. 미래차 부품 개발 지원사업 신설
5. 지능형 모빌리티 및 UAM(도심항공모빌리티) 제조산업 육성

② 미래 특화산업 초격차 확보 추진

화성시의 특화된 미래 성장 산업으로는 미래 반도체, 지능형 자동차, 휴먼 헬스케어, 지능형 제조(소부장), 탄소 제로 시스템(환경), 스마트 물류 등을 목표 과제로 선정했다.

이를 지원하기 위해, 우리는 반도체, 배터리, 기계장비 등의 첨단 특화 산업의 성장 기반을 구축하는 전략, 미래 산업을 리드하는 인재 양성 프로그램을 개발하는 방안, 그리고 코로나 상황과 산업 구조의 변화 등 외부 환경의 변동에 대응하는 신산업 육성 전략을 준비하였다.

1. 반도체 소재 · 부품 · 장비별 네트워크 구축 및 지원 기반 마련

2. 배터리, 기계장비 등의 특화산업 제품 산업생태계 조성 및 종합 지원 방안 마련

3. 산학 연계 프로그램 등 산업 현장 수요에 맞는 인재 양성 방안 마련

4. 레드바이오, 융합바이오 등 신산업 관련 인프라 구축

5. 미래차 중심의 자동차 부품산업 생태계 조성 및 혁신 방안 마련

6. 친환경 소재부품 상용화 및 자원순환산업 활성화 기반 조성 방안 마련

③ 성장지향형 산업 전략 추진

산업생태계 전환의 방향: 산업 현장과 주무 관청의 협력

산업현장과 주무 관청의 협력을 토대로 우리 화성의 산업생태계를 성장지향형으로 전환하는 데 필요한 기업 지원 및 산업 체계 정비 방안을 마련하는 데 최선의 노력을 기울였다.

GVC 기업 유치와 지원: 기업의 성장 사다리 업그레이드

먼저, 기업의 성장 사다리를 업그레이드하는 작업으로, GVC(글로

벌 가치사슬) 기업의 화성 유치 및 지원 방안을 마련했다.

GVC(global value chain)은 상품의 설계, 부품과 원재료의 조달, 생산, 유통, 판매에 이르기까지 세분화한 각 과정이 어느 한 국가가 아닌 비교우위가 있는 국가에서 이루어지면서 단계별로 부가가치가 창출되는 세계 교역의 새로운 패러다임을 말한다.

클러스터 혁신: 전략 역량 강화

그리고 우리는 기업 중심의 클러스터 혁신 기반 확충 방안을 마련했다.

ESG 경영 실현 지원: 세계적 경영 추세의 반영

또 오늘날 세계적으로 ESG 경영이 기업 경쟁력의 최대 변수로 떠오른 점에 주목하고 화성시 기업의 ESG 경영 실현 지원에 나섰다. ESG는 기업의 비재무적 요소, 즉 환경(environment), 사회(social), 지배구조(governance)를 뜻한다. 투자자가 투자 의사를 결정할 때 사회책임투자 관점에서 기업의 재무적 요소들과 함께 고려하는 요소들이다.

ESG 평가 정보의 활용: 지속 가능한 발전을 위한 사회적 책임

지속 가능한 발전을 위한 기업과 투자자의 사회적 책임이 중요해지면서 세계적으로 많은 금융기관이 이러한 ESG 평가 정보를 활용하고 있다. 영국, 스웨덴, 독일, 캐나다, 벨기에, 프랑스 등 유럽 선진국에서는 이미 연기금을 중심으로 ESG 정보 공시 의무 제도를 도입하여 시행하고 있다.

1. 기업 성장 단계 및 유형별 특성을 반영한 맞춤형 지원 추진
2. 기존의 수출업무지원센터를 확대 · 개편한 GVC지원센터 운영
3. 중소 · 중견기업의 ESG 경영 확산을 위해 지속가능성장위원회 설치 등의 방안 연구
4. 특화산업 영위 기업의 선제적 사업 재편을 통한 신산업 진출 집중 지원 방안 마련
5. 시와 공동으로 기업 수요 기반 지원 전략 방안 마련
6. 산업 클러스터별 혁신체계 구축 및 종합계획 수립 추진
7. 산업단지, 지식산업센터별로 상생형 일자리 확대 추진
8. 산업기반의 디지털화 · 그린화 맞춤 지원을 통한 전략산업 고도화 및 창업 거점화 추진

④ 기업 지향형 지원 플랫폼 구현

우리는 화성 기업들의 가치를 배가하고 소통하기 위한 채널로 '기업 지원 플랫폼'을 운영했다. 이 플랫폼을 통해 기본적으로는 기업 지원사업과 현황 정보 등을 제공하고, 활발한 소통으로 기업의 민원사항을 청취하고 해결하는 데 온 역량을 기울였다.

1. 2만 개에 이르는 화성의 중소 제조기업에 대내외 기업 지원사업 정보 통합 제공
2. 공모사업 참여 이력 현황 정보 수집 및 분석으로 중소기업 재정지출 효율화 도모
3. 기업 설립 및 활동과 기업 지원에 필요한 행정업무 전반의 디지털 전환 추진
4. 데이터의 안전한 활용 기반 강화 추진

⑤ 혁신성장을 위한 인프라 구축

우리는 신기술을 적용한 신산업을 선도하기 위한 미래 산업 발전 인프라 구축 방안을 마련했다. 그리고 지역과 규모에 따른 요구의

다양성을 충족하는 맞춤형 산업생태계 지원기반을 마련했으며, 새로운 부가가치 창출을 위한 제조업의 서비스화를 추진했다.

구체적으로는, 권역별 종합 맞춤 지원을 위한 거점 기반 구축, 소공인 지원 확대 정책의 하나로 기업 지원 사각지대에 놓인 소공인을 위한 맞춤형 특화 지원 제도 도입, 생산성 향상을 위한 산업단지 및 지식산업센터 관리 고도화 추진, 제조업과 서비스업의 융합을 통한 제조업 혁신 등을 실행했다.

1. 동부권-서부권-남부권의 세 축을 중심으로 하는 특화산업 및 창업 인프라 구축 지원

2. 소공인 복합지원센터 운영을 통한 소공인에 대한 안정적 · 체계적 지원기반 마련

3. 지원 조례 제정 촉구, 연구개발 투자 확대, 산업 통계 플랫폼 구축 등 추진

4. 제조와 서비스 융합을 통한 새로운 비즈니스 모델 창출 등의 특화산업 고도화

⑥ 맞춤형 고용 서비스 강화로 화성 산업 경쟁력 제고

우리는 화성의 산업 및 기업 경쟁력을 높이기 위해 특화산업 분야에서 산·학·연·관 협력으로 전문인력 양성체계를 구축했다. 그리고 화성의 산업 구조, 기술 혁신 체계, 대학별 특화 분야, 지역별 환경 등을 고려한 맞춤형 고용 서비스 모델을 개발하여 현장에 적용했다.

구체적으로는, 중앙정부 국정 과제 및 지역 특화산업과 연계한 전문인력 양성을 추진하고, 산업별·지역별 인력 수요 모니터링 체계를 구축했으며, 다중의 협력체계 구축을 통한 인력 양성을 추진했다.

1. 단기적으로는 산업계 수요가 많은 분야 중심으로 인력 양성 재원 집중
2. 중·장기적으로는 시장 변화 및 수요 확대 예측에 대응한 인력 양성 교육 추진
3. 산업별 인력 수요 변화에 대응한 구조적 차원의 인력 수급 전략 수립
4. 현장 기술인력 양성 및 산업체 재직 인력 재교육 확대
5. 산업 기술 발전에 따른 고급 기술인력 양성을 위한 다중의 협력체계 구축

화성의 3가지 주요 과제

화성 산업 발전의 핵심 축은 트리플-X로 요약되지만, 그 밖에도 3가지 중요한 과제를 들자면 지역특화산업의 고도화, 선순환 산업생태계의 구축, 미래 산업 지원 확대를 꼽을 수 있다.

선순환 산업생태계 조성

◀ 송산그린시티 및 동탄신도시를 중심으로 개발계획 지속
◀ 국제테마파크 조성으로 관광산업 활성화 및 제조 기반 스타트업 기업의 유입 환경 마련

지역특화산업 현황

◀ 현대기아자동차 연구소·공장, 삼성전자 반도체공장, 제약산단, 글로벌 화장품 제조사 등
화성은 자동차, 반도체, 제약·바이오 **BIG3** 산업분야 글로벌 기업들의 생산공장 입지

내가 문재인 정부 청와대에서 근무할 당시인 2020년 7월에
우리 정부가 발표한 '한국판 뉴딜정책' 에 글로벌 산업
패러다임의 대전환에 따른 대응 방안과
실행 로드맵이 집약되어 있다.
한국판 뉴딜정책은 '선도국가로 도약하는 대한민국' 으로
전환하기 위해 디지털뉴딜, 그린뉴딜의 두 축으로 추진되었다.

4장

화성을 위한 전략적 대전환 제안

화성의 전략적 산업 선택과 육성 방향

일상을 바꿔버린 코로나 사태와 같은 재난의 상시화, 모든 산업의 급격한 디지털 전환, AI(인공지능)를 기반으로 한 산업기술의 혁명적 발달과 같은 급격한 산업 환경 변화로 인해 대전환이 일어나고 있다. 그것은 산업의 지능화, 초연결, 플랫폼화, 탄소 중립, 제조와 서비스의 융합 등 5가지로 요약된다.

화성시의 산업 발전 전략 필요성

지속 가능한 미래 산업 발전을 위해서 화성시에 적합한 전략산업을 선정하여 육성할 필요가 있다. 화성은 이미 뛰어난 지역 접근성 확보, 전국 시·군·구 재정자립도 및 지방자치 경쟁력지수 1위 달성, 경기도 1위의 기업체 수 보유 등의 엄청난 산업 혁신 잠재력을 지녔다. 게다가 동탄신도시 개발, 고속도로와 철도 교통망 확대 등에 따라 인근 지역에서 화성으로 이동하는 기업이 증가하고 있어서 선택과 집중만 잘한다면 세계에서 가장 풍요롭고 발전된 도시가 될 수 있다.

지역산업의 고부가가치화를 위한 방향성

다만, 전통 제조업과 중소기업 중심의 산업 구조로 인해 외부 충격 등 산업 환경 변화에 취약한 여건이므로, 지역산업의 고부가가치화를 위한 전략적 방향성 정립이 절실 상황이다. 따라서 전략산업 중심의 산업 구조 재편과 지속 가능한 산업 생태계 창출에 기반을 둔 화성시 기업의 혁신 역량 강화 정책을 수립해야 하며, 그것을 위한 근거를 마련하는 일이 무엇보다 중요하고 시급한 과제다.

산업 환경의 변화와 대응 전략

　일상을 바꿔버린 코로나 사태와 같은 재난의 상시화, 모든 산업의 급격한 디지털 전환, AI(인공지능)를 기반으로 한 산업기술의 혁명적 발달과 같은 급격한 산업 환경 변화로 인해 대전환이 일어나고 있다. 그것은 산업의 지능화, 초연결, 플랫폼화, 탄소 중립, 제조와 서비스의 융합 등 5가지로 요약된다. 이러한 변화에 적응하여 화성시의 산업 구조를 적극적으로 개편해나가는 것이 필요하다.

① 산업 지능화

디지털 전환의 가속화와 4차 산업혁명

D.N.A.(Data, Network, AI) 등 혁신 기술이 산업, 시설·장비, 사람 등과 상호 유기적으로 연결되는 가운데 산업의 디지털 전환이 점점 더 빨라지고 있다. 따라서 세계 제조시장은 주요 선진국을 중심으로 4차 산업혁명, 인더스트리 4.0 등에 기반을 둔 디지털화에 초점을 두고 제조 혁신을 추진하고 있다

미국	첨단 제조 파트너십과 제조업을 위한 국가 전략을 수립하여 첨단 제조 혁신을 통한 국가경쟁력 강화 및 일자리 창출과 경제 활성화를 꾀하고 있다.
독일	제조업의 주도권을 이어가기 위해 인더스트리 4.0으로 ICT와 제조업을 융합하고, 국가 간 표준화를 통해 스마트공장과 같은 디지털화를 추진하고 있다.
일본	일본산업부흥전략과 산업 경쟁력 강화에 관한 법을 마련하여 비교우위 산업을 발굴하고 신시장을 창출하고 있다.
한국	제조업 패러다임에 따라 제조업 르네상스 비전 및 전략을 수립하고 시스템반도체, 미래차, 바이오 등을 3대 핵심 신산업으로 추진하고 있다.

데이터 연결과 지능화를 통한 새로운 경쟁력 형성

기술이나 제품의 가격·품질뿐만 아니라 데이터를 연결하고 지능화하여 새로운 가치를 창출할 수 있는지가 핵심 경쟁요소로 부상했다. 산업 내 디지털화가 급격히 진행되면서 점진적인 변화가 아닌 기존과 전혀 다른 방식의 경영, 비즈니스 모델, 협력, 고객 관계 등 전 분야에서 대대적인 디지털 전환의 필요성이 대두한 것이다.

디지털 혁신에 선도하는 기업들의 사례

첨단 디지털로 무장한 전자상거래업체 아마존은 전통적 유통 공룡기업 월마트의 시가총액을 뛰어넘어 세계 최대의 소매업체로 우뚝 섰으며, 숙박 공유업체 에어비앤비는 지난 2020년 말에 상장하자마자 기업가치 865억 달러를 기록함으로써 세계 3대 호텔 체인(메리어트, 힐튼, 인터컨티넨털)의 기업가치 합계(841억 달러)를 뛰어넘는 기염을 토했다.

산업 융합과 온디맨드 서비스의 미래

딥러닝, 5G 등을 활용한 자동차, 로봇, 드론 등 다양한 산업 융합

이 진행되고, 이를 통한 사용방식의 변화, 산업 인프라의 진화 등이 전망된다. 특히 상품 서비스 분야에서 개인이 원할 때 즉각적으로 개인의 위치, 성향 등을 분석하여 맞춤형 서비스를 제공하는 온디맨드(On Demand) 방식의 서비스는 상품 제조와 유통에 혁명적 변화를 일으킬 것으로 보인다.

보안 이슈와 메타버스 시장의 성장

한편으로, 지능화 주체가 사물에서 시공간까지 확장되는 가운데 이로 인한 지능형 사이버 공격 인지 및 추적, 대응 기술 등 보안 이슈가 강조되고 있기도 하다. 참고로, 메타버스 시장은 2021년 307억 달러에서 내년(2024)이면 2,969억 달러로 수년 사이에 10배 가까이 확대되는 가공할 성장세에 있다.

자동차 산업에서 본 산업의 지능화

산업의 지능화를 보여주는 대표적인 산업의 하나가 자동차산업으로 자율주행차 기술을 선도하는 테슬라가 그 정수를 보여주고 있나. 테슬라 전기자동차의 '완전자율주행 혁명'은 자동운행(automatic operation)과 완전자율주행(FSD: full self driving)의 두 가지 운전 방식

지원, 차체에 탑재된 8개의 카메라가 360도 각도로 최대 250미터 전방의 물체를 인식하는 자율주행을 통해, 자동차의 개념을 단순 이동 수단을 넘어 거주 공간, 개인사무실 용도까지 확장, 단순히 전기자동차를 대중화하는 데 그치지 않고 그것을 매개로 한 거대한 엔터테인먼트 산업 생태계를 구축 등을 주요 내용으로 한다.

IoT에서 IoE로: 초연결 시대의 도래

사물인터넷(IoT)에서 만물인터넷(IoE)으로 모든 것이 연결되고 있으며, 사람-사물-데이터 간에 유기적인 소통의 속도가 더욱 빨라지고 있다. 초연결은 사물인터넷과 강화된 에지(empowered edge), 클라우드, 블록체인망 등을 통해 사물과 사물, 사물과 사람 간에 안전하고 효율적으로 데이터를 공유하고 훨씬 높은 수준의 서비스를 제공하는 연결을 의미한다.

초연결 환경과 첨단산업 및 기술의 상호작용

초연결 환경은 바이오 · 나노 · 에너지 · 신소재 등의 첨단산업 및 기술 간에 직간접적인 융 · 복합 작용이 확대될 것으로 전망된다. 빅데이터, AI 등에 의한 분석기술이 각 분야에서 새로운 발견을 촉진하는 한편, 개별 분야의 기술 발전이 초연결 환경 조성을 촉진하는 양방향의 기술 진보를 가져올 것이라는 얘기다.

바이오 분야의 기술 발전과 초연결 환경

바이오 분야에서는 유전체 정보 DB 완성, 줄기세포 적용 범위 확장, 유전자 조작 기술의 진보 등이 이루어짐에 따라 생명 연장, 식량 증산, 신체기능 증강, 질환별 개인 맞춤형 치료 실현 등을 향해 나아가고 있다.

나노 분야의 발전: 초연결 환경의 잠재력

나노 분야에서는 성능 한계를 뛰어넘는 새로운 나노 소재 개발을 통해 신개념 혁신제품, 새로운 대체에너지, 쾌적한 생활환경 등을 실현함으로써 이전에는 상상할 수조차 없던 '지속 가능한 풍요로운 삶' 이라는 새로운 지평을 개척하고 있다.

에너지 분야의 초연결 기반 혁신

에너지 분야에서는 IoT · 빅데이터 · AI 기술을 기반으로 분산발전, 스마트 그리드를 중심으로 에너지 자원의 생산 · 가공 · 소비 과정의 효율화 및 안전성 향상, 효과적 에너지 · 자원 탐사, 그리고 청정에너지 · 신재생에너지 등 대체에너지 기술개발 및 보급 확대를 실현해가고 있다.

신소재 분야와 초연결 환경의 진보

신소재 분야에서는 초연결·초융합 기반이 데이터 획득 및 전달을 촉진하는 새로운 고기능 센서와 웨어러블 기술의 진보를 통해 제4차 산업혁명의 기반을 강화해가고 있다.

초연결 사회의 융합 비즈니스 전략 및 기술 진화

온·오프라인 경계가 허물어지는 가운데 가상·증강 현실과 관련하여 융합 비즈니스 전략이 확대되는 초연결 사회에서는 IoT(사물인터넷), SNS, 클라우드 등 네트워크 기술에 따른 빅데이터, AI를 이용한 지능정보기술 및 증강(AR) 및 가상현실(VR) 기술이 융합되면서 초연결을 시작으로 초지능·초실감 형태로 진화할 것으로 내다보인다.

5G 기술의 적용 및 기대 효과

요즘 뜨고 있는 5G 기술을 적용하면 10배 이상의 속도와 연결이 증가하게 되어 지금보다도 10배 이상의 각도로 사물이나 행동을 빠르게 판단하기 때문에 우리가 볼 수 없는 부분까지도 정확하게 설명될 뿐만 아니라 판단의 정확도가 크게 높아질 것이다.

③ 플랫폼화

플랫폼 경제의 성장과 변화

다수의 제품과 서비스의 연결을 통해 새로운 비즈니스 모델을 창출하는 플랫폼 구축 경쟁이 다양한 영역에서 펼쳐지고 있다. 비즈니스는 온라인 플랫폼을 통해 다수 이용자 간에 매칭과 제품 서비스가 거래되고 네트워크 효과를 통해 가치 창출을 극대화한다.

이처럼 플랫폼 경제가 확대되면서 네트워크 경제에서 나타난 규모의 경제, 유형자산, 소유의 중요성이 상대적으로 낮아지고 무게 중심이 소프트웨어인 플랫폼으로 이동하여 속도의 경제, 무형자산 중심, 사용 중심으로 변화하고 있다.

디지털 언택트 환경과 공유 플랫폼

코로나 사태를 계기로 일상이 된 디지털 언택트 환경에서 공유플 랫폼이 흡수하는 인간의 활동 시간은 급증하는 추세에 있다. 사무 실을 공유하는 서비스 역시 확대되고 있는데, 기업들이 재택근무를 활성화하면서 이들 수요를 공유사무실 서비스가 흡수한 때문이다. 국내에서는 패스트파이브 등 15여 개 공유사무실 브랜드가 사업 중 인 가운데 대기업들도 가세하고 있다. 사무실 공유 업체는 소기업 으로는 제공하기 어려웠던 어린이집, 직원 교육 등을 공동으로 제 공하면서 새로운 가치도 창출하고 있다.

산업 주도권을 두고 벌어지는 플랫폼

경쟁세계 산업계는 글로벌 표준선점 등 산업 주도권 확보를 위해 산업 내, 산업영역 간에 경쟁이 날로 격화하는 가운데 플랫폼 서비 스는 스마트공장, 스마트시티 등 넓은 관점으로 추진되면서 산업 간 주도권 다툼이 치열하다.

스마트공장은 제조에서 발생하는 모든 업무를 수평적 · 수직적으 로 통합하는 플랫폼이 핵심이며, 스마트시티는 거주 문화를 기반으 로 생활형 공공 서비스를 위한 플랫폼 기반으로 부상하고 있다. 특히 제조 데이터 기반의 산업플랫폼 확보를 위해 미국, 중국, EU 등 주요 선진국들의 글로벌 경쟁이 격화하고 있다.

④ 탄소 중립

주요 국가들의 탄소 중립 선언과 현실적 문제점

우리나라를 비롯하여 미국, 중국, EU, 일본 등 탄소 배출 비중이 높은 주요 국가들이 속속 '2050 탄소 중립'을 선언하는 가운데 기후변화 대응에 좀 더 적극적인 모습을 보이지만, 각국의 실질적인 조치가 선언을 실현하는 데는 크게 미흡한 것으로 평가된다.

지구 온도 상승을 현재의 온도에서 1.5도 이내로 억제하는 것도 비관적이다. 세계 산업계의 탈석탄 등 에너지 전환 가속화, 해양 플라스틱 대응 등의 가시적인 조치가 속도를 내고 있지만, 세계 곳곳에서 여전히 난개발로 엄청난 삼림이 훼손되고 있고, 세계의 공장으로 불리는 중국, 인도, 브라질 같은 개도국들이 탄소 배출 감축에 소극적인 태도를 지니고 있다.

탄소 중립 선언이 가져올 패러다임 변화

탄소 중립은 4차 산업혁명에 이어 또 한 번의 패러다임 대전환을 부를 것이다. 그에 따라 산업 전반에서 제조업의 탄소 중립 기준 충족 요구에 따라 위기가 닥치는 한편으로 새로운 기회가 창출될 것으로 내다보인다.

제조업의 기술 혁신과 서비스업의 융합

산업 구조는 탄소 제로 요구에 직면하여 제조업의 기술 혁신에서 서비스업과의 융합으로 그 방향이 전환될 것으로 보인다. 구체적으로는 4차 산업혁명이 가져올 혁신적인 기술 개발은 화석연료 사용을 획기적으로 감소시킬 것이다. AI, IoT 기술을 바탕으로 정교하게 설계된 수요 맞춤형 생산이 가능해지면서 제품의 과잉 공급 문제가 해소되고 최종 소비 단계 간의 거리가 축소되면서 수송에 따른 이산화탄소 배출량이 감소한다.

전기차와 수소연료전지차의 성장

그런 가운데 수송 분야에서 전기차, 수소연료전지차 등 친환경 교통수단이 탄소 제로 사회의 새로운 성장 동력으로 자리 잡을 전망이다. 국제 환경규제에 대응하고 자동차산업의 경쟁력 향상을 위해서 피할 수 없는 선택이다.

4차 산업혁명과 친환경화의 촉진

세계 산업계는 바야흐로 빅데이터, AI 등 4차 산업혁명 기술 혁신에 기반을 둔 수요 예측, 맞춤형 최적 생산으로 자원 이용의 효율을 높이는 등의 친환경화를 촉진하고 있다.

스마트 그리드와 재생에너지의 활용

지능화된 전력망을 통해 에너지 수요 관리를 최적화하고 분산된 재생에너지 이용이 확대함으로써 에너지 비용을 절감한다. 최근에는 스마트 그리드에 AI 기술을 접목해 효율을 극대화하는 기술도 개발되고 있다.

미국 정부가 스마트 그리드에 3,000억 달러 투자를 발표하고, 영국 최대의 에너지 회사 내셔널 그리드가 구글과 협력해 AI로 전력 수급의 정점을 예측하고 에너지 사용량을 10% 줄이는 공정을 추진하는 등 세계 산업계가 에너지 효율 극대화에 적극적으로 나서는 가운데 우리나라는 2030년까지 27조5,000억 원을 투자하여 전국을 스마트 그리드로 연결하겠다는 에너지 로드맵을 수립했다.

중국의 뉴인프라 정책과 스마트 도시 구축

한편 중국 정부의 뉴인프라 정책은 5G, 초고압 전송, 도시철도, 신에너지, 데이터센터, AI, 상업용 인터넷 등 '디지털 도시화'에 필요한 기술적 인프라를 모두 포함한다.

중국은 4,200여조 원을 투자하여 전국에 500개 스마트 도시를 건설하는 가운데 시범 도시 100개를 선정하여 스마트 그리드, 지능형 교통관리 시스템 등에 투자를 집중한다.

우리나라의 스마트 그리드 비전 및 혁신 분야 선정

우리나라의 스마트 그리드 비전은 중국보다 더 구체적이고 체계적이다. 우리나라는 플랫폼을 기반으로 하는 10대 혁신 분야를 로봇, LWP(learn work play), 도시 행정·관리, 물, 에너지, 교류 및 리빙, 헬스케어, 모빌리티, 안전, 공원으로 정하고 관련 분야 혁신기술 적용을 통해 미래도시를 시민이 실생활에서 체감할 수 있도록 하는 방안을 추진한다.

화성시의 혁신적 물류 단지 조성 계획

화성시도 이미 2021년에 유통·제조기능 복합 e커머스 물류단지를 조성하기 위한 사업 계획을 수립하고 융복합 물류 혁신 연구 개발에 착수했다.

5 **제조와 서비스의 융합**

융합의 시대와 제조업의 변화

산업계는 물론 학문과 문화예술계까지 사회 전반이 바야흐로 융합의 시대다. 특히 산업계는 IoT, 데이터 등을 활용하여 제조(제품) 단위보다 '제조(제품)와 서비스 융합' 의 비즈니스 모델로 빠르게 전환하고 있다. 가치사슬, 제품 등 여러 영역에서 서비스화가 확대되는 가운데 이를 통한 차별화된 경쟁 우위 확보와 새로운 부가가치 창출 노력이 치열하게 벌어지고 있다.

4차 산업혁명에서 제조업의 서비스화가 중요해지면서 '서비타이제이션(servitization)' 이 확대되는 것이다. 제조업의 서비스화는 첨단기술 분야에서 활발하게 이뤄지고 있으며, 서비스업은 콘텐츠나

플랫폼을 기반으로 하는 비즈니스 모델이 확대되고 있다. 제조기업은 IoT로 수집한 빅데이터를 활용한다. 각 소비자의 구매 패턴을 분석하여 생산에 적용함으로써 공급을 최적화하고 제조에 기반을 둔 새로운 서비스를 창출하는 것이다.

산업 전환과 한국판 뉴딜정책

이상으로 산업 대전환의 전망을 5가지 키워드를 통해 간략하게나마 살펴보았다. 실은 문재인 정부 청와대에서 근무할 당시인 2020년 7월에 우리 정부가 발표한 '한국판 뉴딜정책'에 글로벌 산업 패러다임의 대전환에 따른 대응 방안과 실행 로드맵이 집약되어 있다. 한국판 뉴딜정책은 '선도국가로 도약하는 대한민국'으로 전환하기 위해 디지털뉴딜, 그린뉴딜의 두 축으로 추진되었다.

한국판 뉴딜정책의 추진 과제 및 목표

이에 따라 일자리 및 신산업 창출 효과가 큰 지역 균형 발전, 국민 변화 체감 등을 목표로 28개 과제를 설정하고 그 가운데 데이터 댐,

지능형 정부, 스마트 의료인프라, 그린 리모델링, 그린 에너지, 친환경 미래 모빌리티, 그린 스마트 스쿨, 디지털 트윈, 국민안전 SOC 디지털화, 스마트 그린 산단을 10대 대표과제로 설정하여 추진했다. 2025년까지 160조 원의 재원을 투입하여 190여만 개의 신산업 일자리 창출을 목표로 추진된 이 뉴딜정책은 데이터·5G·AI 등 ICT 기반으로 산업경제 전반의 디지털 신제품, 서비스 창출 및 우리 경제의 생산성 제고와 더불어 친환경·저탄소 등 그린 경제로의 전환을 가속하고 탄소 중립을 지향하는 경제기반으로 전환하는 것을 궁극적인 목표로 삼았다.

산업 패러다임의 변화와 한국의 대응

무엇보다 오늘날의 글로벌 산업 패러다임의 변화에 선도적으로 대응하여 우리 산업 전반의 미래 경쟁력을 강화하는 데 초점을 맞추고 있는 점에 주목해야 한다.

각 분야 최고 전문가들의 참여와 검토를 거쳐 각고의 노력 끝에 수립된 '한국형 뉴딜정책'은 글로벌 산업 발전 전략과도 일치하는 방향성과 가치 체계를 지니므로 여야의 정부 교체와 상관없이 일관되게 추진되어야 할 국가적 과제다. 하지만 안타깝게도 현, 윤석열 정부가 전 정부의 모든 것을 부정하고 파괴하는 가운데 글로벌 산업의 미래 방향과는 거꾸로 가고 있어서 우려스럽다.

2

화성의 미래 전략산업을 선도하는 방안 제안

화성은 반도체, 자동차, 바이오 등의 주력 산업에서 핵심적인 역할을 담당하는 여러 중소·중견기업들을 홈베이스로 가지고 있다. 이와 같은 화성의 특성은 K-반도체, 탄소 중립, 미래차 등의 중앙정부 정책에 직접적이고 간접적으로 반영됨으로써, 이 지역의 발전을 획기적으로 이끌어낼 수 있는 중요한 요소다. 이에 따라, 화성 지역의 미래 발전을 위해 디지털 전환, 탄소 제로, 제조와 서비스의 융합 등 현대 산업의 주요 변화를 지역 정책의 기회로서 적극 활용하고 이를 바탕으로 전략산업을 육성하는 것이 중요하다. 이렇게 전략적으로 대전환을 추진하는 것은 화성을 지역 발전의 중심축으로 확립하는 데 결정적인 역할을 할 것이다.

화성시 전략산업의 현황 검토 및 선도방안 마련

나는 진흥원장으로서, 직원들과 협력하여 화성시의 각 전략산업의 현재 상황을 검토하고, 전문가 인터뷰 및 자문회의를 진행하였다. 이러한 과정을 통해, 전략산업의 선도적인 접근 방안을 발굴하고 제안하였다.

우리는 전략산업 간의 산업 융합 추세와 주요 산업 기술 이슈를 살펴보았으며, 각 전략산업에 대한 전문가 및 산업 기술 이해관계자들의 자문을 받아 전략산업 발전 방향에 대한 정책 과제를 도출하였다. 최종적으로, 다음과 같이 15가지 전략산업 선도 방안이 선정되었다.

No.	검토 및 선도 방안
1.	미래자동차 첨단정비단지 조성 및 운영
2.	화이트바이오 사업화 지원
3.	글로벌 임상/인 · 허가 컨설팅 지원
4.	EUV 장비 활용 인력양성
5.	실시간 원격 제조를 위한 협업 플랫폼 조성
6.	반도체용 초순수 생산 기술 클러스터 조성
7.	스마트 물류 상생센터 조성 및 운영

8. 친환경 소재부품 제조지원센터 구축 및 운영

9. 화성시 제조기업 가상발전소(VPP) 참여 지원

10. 전기 · 수소차 부품개발 지원

11. 화성시 제조 디지털융합지원센터 운영

12. 지능형 제조 데이터 인력 양성 지원

13. 지능형 미래차 실증 클러스터 구축

14. 첨단 제제 개발, 전주기 기업 맞춤형 기술지원

15. 지식산업센터 육성 및 지원

화성의 미래 산업융합 대변혁: 전략산업 중심의 선택과 집중

화성의 혁신적 자원과 중소기업

풍부한 혁신 자원을 보유한 화성은 미래 산업융합 대변혁을 선도할 수 있도록 전략산업 중심의 선택과 집중을 통해 인구 100만 시대 대비가 필요하다.

화성은 우리나라 반도체, 자동차, 바이오 등 주력산업의 허리 역할을 담당하는 다수의 중소 · 중견기업을 보유하고 있다. 이런 보유

역량은 K-반도체, 탄소 중립, 미래차 등 중앙정부 정책에 직·간접적으로 반영되어 향후 지역발전 추진 동력 확보에 유리하다.

전략산업 육성을 통한 미래 산업 대변혁

따라서 디지털 전환, 탄소 제로, 제조와 서비스 융합 등 산업의 대변혁을 지역 정책의 기회로 활용하기 위한 전략산업 육성이 필요하다. 그러려면 반도체, 자동차, 바이오 등 화성시 주력 전략산업을 국가 차원에서 선도하기 위해 화성 혁신 역량·자원의 연계 방안을 우선 고려해야 한다.

미래 산업 발전을 위한 협의회 운영과 정책 수립

산·학·연·관이 협력하는 '미래산업발전화성협의회' 운영 추진, 산업의 디지털 전환, 탄소 중립 전환, 모빌리티 전환을 포함한 미래산업협의회 운영, 디지털·그린·모빌리티 전환 관련 지역산업 대응 역량 확보를 위한 협력활동 수행, 중·단기 산업정책 수립 지원, 국가정책과 연계한 전략산업 전환, 전략산업 성장을 위한 협력 네트워크 구축 등이 구체적인 수행 과제다.

지역 밀착형 규제 개선과 협의체 운영

지역 밀착형 규제개선 아이디어 뱅크 운영, 지역전략산업의 견고한 성장기반 마련을 위한 '화성시 중견기업 협의체' 운영, 전략산업 산업 구조 전반을 육성하기 위해 중견기업의 대기업-중소기업 간 매개 역할 확대 등의 계획이 있다.

전략산업 선도 방안 추진과 시장 출시 지원

신산업 및 산업융합 분야의 전략산업 선도 방안 추진에 따른 장애해소, 각 전략산업 선도 방안별 추진에 따른 산업융합 신제품 적합성 인증제도, 산업융합촉진 옴부즈만 등 연계·활용을 통한 선제적 규제대응, 시장 출시에 애로를 겪는 융합 신제품을 대상으로 적시 시장진입 지원이 필요하다.

스타트업 발굴과 성장 기반 제공

시민 체감형 첨단산업 육성을 위해 혁신 자원을 연계한 스타트업 발굴·육성 및 엑셀러레이팅 프로그램 운영, 화성 전략산업 내 기업 협의체 연계를 통한 성장 기반 제공 및 AC/VC 등 유입 추진을 통해 스케일업 지원, 전략산업 선도 방안의 체계적 추진을 위한 '화성시 전략산업 육성에 관한 조례' 제정 추진 등이 구체적인 수행 과제다.

화성시 전략산업 육성, 선택이 아닌 필수

화성산업진흥원 원장으로 일하던 시절, 화성의 수많은 기업을 직접 방문하며 이야기를 들었다. 삼성전자, 현대트랜시스 등 대기업과 코스맥스, 제우스 등 중견 · 중소기업과 스타트업 등 동탄산업단지부터 팔탄에 이르는 화성시 전체를 돌아봤다. 직접 보고 들은 화성의 기업은 다양했다. 제조업이 풍부하게 있어 성장 가능성이 크지만, 동시에 개발이 제대로 이루어지지 않은 분야와 업무 환경이 열악한 기업들이 존재하는 양면적인 모습을 보여주고 있었다.

화성시는 서울과 인접하면서도 개발 가능성을 가진 많은 토지를 보유하고 있어, 그 자체로 큰 장점이 있다. 하지만 이를 적극적으로 활용하지 않는다면, 기업들이 단순히 인구 증가에 따른 땅값 상승을 이유로 화성으로 이전하고 개발하는 일에 그칠 수 있으며, 이는 화성시의 지속 가능한 성장에 대한 의문을 남기게 된다. 이를 극복하기 위해서는 단순한 성장이 아닌 미래 먹거리를 중심으로 한 선택적 집중 즉 '전략산업 육성'

에 집중해야 한다.

2011년 11월, 화성시는 6대 전략산업을 발표하였다. 산업기초역량, 연구개발 혁신 역량, 부가가치 창출 역량, 글로벌 역량, 그리고 전문가들의 검토를 거쳐 선정된 미래반도체, 지능형 미래차, 휴먼헬스케어, 지능형 제조(소부장), 탄소제로시스템(환경), 스마트 물류 등의 산업이다. 전략산업을 육성하는 것은 화성시의 지속 가능한 경제 성장을 위해 필요하며, 이를 통해 화성시를 한국 산업의 중심으로 만드는 데 큰 역할을 할 수 있다는 것이 내 결론이다.

전략산업을 육성하는 것은 또한 화성시의 이미지 개선에도 기여할 것이다. 신산업 중심지로서의 이미지는 젊은 인력을 화성으로 유치하는 데 긍정적인 영향을 미칠 것이며, 이는 화성시의 경제 발전을 가속화하는 요인이 될 것이다. 하지만, 이런 변화는 이루기가 쉽지 않다. 화성산업진흥원을 중심으로 전략산업 분야에서의 연구개발과 실증을 지원하고 있지만, 그것만으로는 충분하지 않다.

화성시는 1조 원 이상의 '전략산업기금' 을 설정하고 집중적으로 지원해야 하며, 더 나아가 국가 프로젝트를 적극적으로 유치해야 한다. 2021년에는 과학기술정보통신부의 '지역의 미래를 여는 과학기술 프로젝트' 에 화성시가 선정되어 화이트 바이오산업을 육성하기 위해 첫발을 뗐지만, 이런 노력이 더욱 확대되어야 한다.

산업통상자원부, 중소벤처기업부 등의 사업을 모니터링하고 적극적으로 유치하는 것이 필요하다. 화성시는 재정 자립도 1위인 강점을 활용하여 과감하게 국가 전략산업을 화성에서 키워나가는 데 집중해야 한다.

화성시의 전략산업 육성은 이제 선택이 아닌 필수임을 우리 모두 인식해야 한다. 향후 화성시가 전략산업을 육성하기 위해 대규모 자금을 조달하고 국책사업을 유치하는 데 최선을 다하고 있다는 소식을 듣게 될 것을 기대하고 있다.

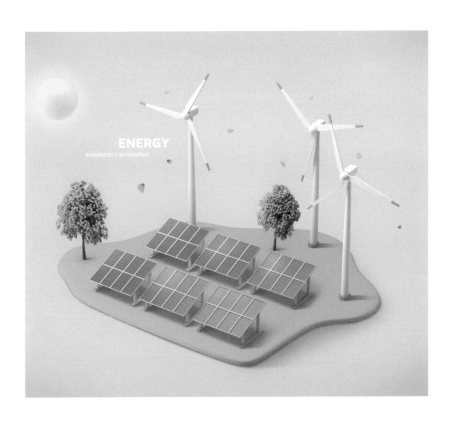

청와대 사회수석비서관실의 행정관으로서의 역할을 수행하며,
동시에 정책 기획에 관한 지식을 축적했다.
그 과정에서 '코로나 대응' 이라는 전례 없는 재난 대응 과제도
수행해야 했다. 청와대 행정관으로의 경력은 국회 경험과는 달리
전반적으로 새로운 도전이었으며, 이를 통해 국가 정책을 만들고
실행하는 과정에서 생각지도 못한 다양한 요소들이 있다는 것을
깨달았다. 그리하여, 정치에서는 다각적인 사고와 타협적인 대응이
중요하다는 것을 이해하게 되었다.
또한, 이것이 바로 정치의 기본 원칙임을 배웠다.

5장

나, 원주가 생각하는 정치

나, 원주의 근황과 시사 논평

지난 2023년 5월 3일,
나는 더불어민주당 현역의원 기득권 혁신안과
관련하여 국회 정론관에서 기자회견을 했다.
'더민주 혁신의 길' 당원모임을 대표한 이 자리에서
"현역의원 기득권 유지와 불공정 경선에 면죄부를
주는 특별 당규를 전면 개정할 것"을 강력히
촉구하면서 '6대 요구 사항'을 제시했다.

봉담구청 설립을 위한 발걸음

지난 6월 26일,

봉담읍 이장단 협의회에 다녀왔다.

봉담 이장단협의회 월례회의 모습

봉담읍 70개 마을 이장님들이 모인 이 자리에서

다양한 민원과 중시하는 주민 관심 사항을 들었다.

이장님들이나 주민들의 가장 큰 관심은

역시 봉담구청 설립에 관한 이야기였다.

나는 인사말을 통해

장차 인구 100만의 화성특례시 미래 비전을 위해

봉담구청이 왜 필요한지 당위성을 조목조목 제시하고
설립을 촉구하는 구체적인 방안을 의논했다.

옛 청와대 동료들과 회포를 풀며

지난 6월 24일,

문재인 정부 청와대 비서실 동료들과 동행하여

광주비엔날레에 다녀왔다.

강기정 광주광역시장 초청 덕분이다.

'코 없는 코끼리' 같은 전시작품을 감상하며

기후환경을 생각해보는 뜻 깊은 시간을 보냈다.

광주비엔날레 해설사의 설명을 듣는 참관단

문재인 정부 시절을 짚어 돌아보면서

청와대에서 함께한 동료들과 그때 그 시절이

얼마나 소중했는지를 새삼 깨닫기도 했다.

노영민 비서실장, 김상조 정책실장,

주형철 경제보좌관, 김연명 사회수석,

황덕순 일자리수석, 윤도한 국민소통수석,

김거성 시민사회수석 등 12명이 만나

회포를 풀며 대한민국의 미래를 걱정했다.

광주비엔날레 야외 공원에서 옛 청와대 동료들과 함께
(가운데 강기정 광주광역시장)

화성의 중소기업을 위한 제언

지난 2023년 5월 9일, 나는 지역 언론
《화성 저널 (http://www.hsj.co.kr)》에
경제 시사 칼럼을 기고하여 크게 호응을 얻었다.
요지는 "중소기업들은 코로나19 대응으로 정부 지원을 받아
안정적인 상황을 유지했지만, 이는 일시적인 것일 뿐이다.
지원 종료 후에는 자금난에 직면할 가능성이 크므로,
중소기업들은 포스트 코로나 시대를 대비한 자금 조달과
경영 위기대응 전략을 마련해야 한다"는 것이다.
중소기업들 스스로 자금난에 대한 대응책으로
강력한 리스크 관리 전략을 구축함과 더불어
정부와 공공기관은 중소기업을 지원하여
기업의 리스크를 최소화하고
경쟁력을 강화하는 전략을 세워야 한다고 제안했다.

다음은 칼럼 전문이다.

〈포스트 코로나 시대 중소기업 전략 리스크 관리〉

전 세계가 코로나 바이러스로 인한 팬데믹에서 벗어나 일상으로 돌아가는 길을 찾고 있다. 이런 도전적인 시기에 우리의 중소기업들은 생존을 위한 싸움에서 고군분투해왔다. 잘 버텨왔다. 중소기업과 소상공인들에게 해줄 수 있는 말은 이 한마디밖에 없다. 이제 그들은 포스트 코로나 시대를 준비하고, 이를 생존하고 번영하기 위한 전략을 세워야 한다.

최근 중소벤처기업진흥공단과 기술보증기금 등 정부 지원기관의 리스크율은 낮은 수준을 기록하고 있다. 실제 중소벤처기업진흥공단의 지난해 리스크율은 코로나 이전 4% 대에서 사상 최저치인 2.723%로, 기술보증기금의 보증기업 사고율도 4%대에서 2.715%로, 신용보증기금의 부실률은 3%대에서 2.042%로 대폭 낮아졌다. 이런 통계만으로 본다면, 우리 중소기업들은 팬데믹 기간 중 오히려 안정된 상황을 유지하였다고도 볼 수 있다.

그러나 이것은 통계적인 착시일 뿐이다. 이는 코로나19 팬데믹 기간 중 정부의 대규모 자금 지원과 이자 지원, 그리고 대출 만기 연장 등의 조치가 있었기 때문이다. 실제로는 정부의 대규모 지원이 끝나고 대출 만기 연장이 종료될 때, 중소기업들은 본격적인 자금난에 직면할 가능성이 크다.

지난해부터 정부는 중소기업 대출 금액을 축소하기 시작했다. 이러한 상황은 불가피하게 중소기업의 경영 위기를 초래할 수 있다. 이제 우리의 중소기업들은 포스트 코로나 시대의 실질적인 도전을 준비해야 한다. 자금 조달과 경영 위기 대응을 위한 실질적인 전략을 준비해야 한다.

정부는 여전히 어려운 경제 환경을 고려하여 자금 지원을 대폭 축소하거나 대출 상환을 강요하지 않을 계획이라고 밝히고 있다. 그러나, 금리 인상으로 인한 부담은 이미 중소기업들에게 재무 위험을 초래하고 있다.

이러한 상황에서 중소기업들이 해야 할 가장 중요한 일은 강력한 리스크 관리 전략을 구축하는 것이다. 이는 재무 상태의 철저한 점검과 수익성에 기반을 둔 건실한 경영체계구축을 포함한다. 기업들은 자신들의 사업 모델을 재평가하고, 비용 효율성을 증대시키며, 수익성을 높이는 방법을 찾아야 한다. 또한, 자금 흐름을 철저히 관리하고, 재무 위험을 최소화하는 전략을 세워야 한다.

정부와 지자체 그리고 공공기관의 역할도 중요하다. 일상 회복을 이유로 손을 놓아서는 안 된다. 고금리, 고물가, 고환율 등 3고로 중소기업 등의 어려움은 더 하면 더 하지 덜 하지 않다. 기업인들의 어려움을 외면해서는 안 된다.

신보 등에 출연금을 확대하고 이자 지원 등을 확대해 기업 리스크를 최소화하고, 새로운 비즈니스 모델을 마련할 수 있도록 도움을 줘야 한다. 이는 한층 더 복잡해진 경제 환경에서 생존하고 성장하기 위한 필수적인 조건이다.

이는 단순히 위기를 극복하는 방법이 아니라, 미래의 불확실성을 극복하고, 지속 가능한 성장을 추구하는 데 있어 중요한 전략이다. 이러한 전략을 통해 중소기업들은 경쟁력을 강화하고 지속 가능한 성장을 이룰 수 있을 것이다.

나원주(화성산업진흥원 초대 원장)

더불어민주당 혁신의 길

지난 2023년 5월 3일,

나는 더불어민주당 현역의원 기득권 혁신안과 관련하여

국회 정론관에서 기자회견을 했다.

'더민주 혁신의 길' 당원모임을 대표한 이 자리에서

"현역의원 기득권 유지와 불공정 경선에 면죄부를 주는

특별 당규를 전면 개정할 것"을 강력히 촉구하면서

'6대 요구 사항'을 제시했다.

No.	혁신 안
1.	정당 민주주의를 확고히 세우는 자성과 혁신
2.	당내 민주주의 실현을 위한 당원 중심의 정당정치 확립
3.	현역의원 기득권 유지와 불공정 경선 면죄부 제공하는 특별 당규 전면 재개정
4.	선출직 국회의원 전원에 대한 평가결과 공개와 하위 30% 공천 배제
5.	선거기획단 및 공천 관련 기구의 원외 인사위원장 임명과 위원 참여 확대
6.	경선 및 선거비용의 획기적 경감을 위한 제도의 개선

이와 더불어민주당에 혁신의 바람을 불어넣을 것을 다짐하고
당원 모두의 노력으로 당의 면모를 일신하자고 호소했다.

바이든의 황당한 '윈윈 논리' 지적

지난 2023년 4월 28일,
나는 한미 정상회담의 '결정적 장면' 을 제시하면서
바이든의 말처럼 과연 '윈윈' 하는 것인지 의문을 제기했다.

[언론 보도]

4월 26일, 미국에서 진행된 한미 정상 공동 기자회견 중

미국 〈LA타임스〉 기자가 바이든 대통령에게 물었다.

"중국과의 경쟁 때문에 한국이라는 동맹이 큰 피해를 받고 있습니다.

그렇게 해서 국내(미국)에서 정치적 지지를 규합하려는 겁니까?"

그러자 바이든 대통령이 대답했다.

"삼성, SK의 미국 내 투자를 통해 한국에서도 일자리가 만들어집니다.

윈윈이라고 생각합니다."

그러는 가운데 윤석열 대통령은 묵묵부답이었다.

"……."

미디어오늘 23년 4월 27일

한국 기업이 미국 내에 투자하면 한국에서도 일자리가 생긴다고?

그러니 윈윈이라고?

난생처음 들어보는 황당무계한 논리다.

그런데도 윤석열 대통령은 멀뚱멀뚱 아무 말이 없다.

한국이 피해를 보든 말든 바이든 비위만 맞추면 상관없다는

생각인가?

일본 총리와 야스쿠니 신사

지난 2023년 4월 21일, 기시다 일본 총리가
야스쿠니 신사에 공물을 봉납하고
90여 명의 일본 국회의원들이 단체로 참배했다.
그런데도 우리 정부는 오늘부터 일본을 전략물자
수출 '화이트리스트' 에 복원하기로 결정했다.
일본은 과거 식민지 침탈과 침략 전쟁을 옹호하는 참배를 하는데,
정부가 이를 수출 우대로 인정한다니 참으로 참담하다.
17년 전인 2006년 8월, 나는 여야 의원 10여 명과 함께
일본을 방문하여 야스쿠니 신사를 현장 조사하는 한편
일본 총리는 신사 참배를 즉각 중단하고
한국인의 신사 합사 계획을 취소할 것을 촉구했다.

그로부터 2년 후인 2008년 5월, 야스쿠니 신사
현장 조사를 벌이는 등의 행사를 열었다.
이 행사에는 한 · 일 · 대만 3개국 민간단체가 참여해
야스쿠니 신사 참배를 규탄하는 거리행진까지 벌였다.
일본 극우세력의 위협에도 굴하지 않는 결기로
야스쿠니 신사 참배 규탄에 여야가 한목소리를 냈다.

그런데 지금은 그런 결기가 어디로 사라졌는가.

주한 일본 대사를 불러 항의조차 하지 않고,

정부는 굴욕 외교만 반복하고 있다.

더불어민주당 이재명 대표가 내놓은

'대일 외교에 대한 근본적 재점검 요청'에

정부는 더는 회피하지만 말고 답을 내놓아야 한다.

하지만, 정부와 여당은 아예 듣는 체도 안 한다.

그렇다면 국민이 정부를 강력하게 압박해야 한다.

외교적 굴욕과 난맥상을 더는 두고 볼 수 없다.

전세 사기에 대한 당 대책 논평

지난 2023년 4월 19일, 나는 전세 사기

발생에 대한 더불어민주당의

'선구제 후환수' 구제책을 논평했다.

서울, 인천 그리고 화성시 동탄신도시 일대에서

전세 사기 사건이 발생해 많은 피해자가 고통받고 있다.

오피스텔 250채 전세금 피해 소식에 가슴이 먹먹하다.

전세금은 세입자 대다수가 가진 전 재산일 것이다.
그러니 전세금 사기는 피해자의 목숨이 걸린 문제다.
정부와 지자체, 국회는 전세 사기를 생사의 문제로 인식하고
적극적인 대책 마련을 해야 한다.

특히 정부는 전세 사기를 민간의 일로 치부해서
소극적으로 대처하는 일이 없어야 한다.
서울에서 빌라왕 사건이 터졌을 때 신속하게 대응했다면
사태가 이토록 심각해지진 않았을 것이다.

정부의 안일한 대처를 보다 못한 더불어민주당이
선구제 후환수 방식에 기반을 둔 피해 구제책을 발표했다.
정부는 당장 민주당의 이 구제책을 수용해야 한다.
전세 사기 경매 중단과 긴급대출 시행은 물론,
국회는 피해자 구제 특별법을 최우선으로 처리해야 한다.
정부와 지자체, 국회는 더 적극적으로 대책을 마련하여
피해자들의 고통을 덜고 재발을 방지해야 한다.
피해자들이 생계가 달린 전세금을 되찾을 수 있도록
가능한 모든 방안을 살펴보고 연구해야 할 것이다.
전세 사기 피해자들이 구제되는 그날까지!

나, 원주가 생각하는 정치

정치의 역할은 궁극적으로 국민의 행복을 증진하는 것인데, 국민의 기대와 욕구를 정책에 반영함으로써 행복한 삶을 살 수 있게 하는 것이다. 또 하나 정치의 역할이 있다면, 사회가 나아갈 방향을 제시하는 것이다. 공동의 의사결정을 통해 사회문제에 대한 해결책을 찾고 국가 비전을 제시하는 것이다.

말로만 원칙을 외치는 '원칙 없는' 정부

'공정과 상식'을 내걸고 당선되어 출범한 윤석열 정부가 공정을 살린다면서 모든 공정의 시스템을 파괴하고 상식을 회복한다면서 모든 상식을 파괴하는 망동을 부리고 있다.

무엇보다 헌법정신 수호를 외치면서 헌법을 파괴하고 국회를 무시하고 법률을 무력화하는 시행령 정치로 국정을 엉망진창으로 만들어버린 현실을 보면서 민주주의의 위기를 느낀다. 인사도 정책도 일체 원칙을 무시하고, 대통령 혼자 기분 내키는 대로 즉흥적으로 내지르는 일이 반복되고 있다. 마하트마 간디는 세상 7죄의 하나로 '원칙 없는 정치'를 꼽았다.

"세상에는 일곱 가지 죄가 있다. 노력 없는 부, 양심 없는 쾌락, 인격 없는 지식, 도덕성 없는 상업, 인성 없는 과학, 희생 없는 기도, 원칙 없는 정치가 그것이다."

원칙은 적어도 정치에서는 상식과 일맥상통한다. 원칙은 상식선에서 예측하고 받아들일 수 있기 때문이다. 그런데 우리 정치에서는 도저히 상식으로는 이해할 수도, 용인할 수도 없는 일들이 버젓이 벌어지고 있다. 몰상식이 상식을 자처하고 무원칙이 원칙을 깔아뭉개는 바람에 정작 상식과 원칙은 설 자리를 잃어가고 있다.

이치에 어긋나지 않고 순리에 따라 사는 사회가 상식이 통하는 사회다. 선거에 나오는 정치인들 사이에 원칙과 상식이 통하는 사회, 특혜와 반칙이 없는 공정한 사회를 만들겠다는 정책 공약이 시류가 되고 있다.

정치인들이 너도나도 "상식이 통하는 공정한 사회"를 공약으로 내거는 걸 보면, 우리 사회는 아직도 원칙과 상식에 목말라 있는 것 같다.

물론 상식이라는 통념이 정해져 있거나 하나의 진리처럼 확립되어 있지는 않다. 그러나 상식은 우리 일반인이 느끼는 보편타당한 삶의 가치며 사회를 생활하는 각자가 갖추어야 할 기본적인 양식이다.

순리에 어긋나지 않는 상식이 통하는 사회는 우리 옛 선조들이 오랫동안 소중히 지키며 살아온 생활의 신조요 미덕이다. 옛 선조들은 숱한 불행과 고초를 겪으면서도 시류에 휩쓸리지 않고 순리를 택했던 것은 우리 선조들이 상식에서 출발한 가치관 덕분이다.

원칙이 무너지고 상식이 통하지 않는 사회는 우리가 열망하는 공정한 사회를 만들 수 없다. 가령 단추를 끼울 때 위에서 하나를 잘못 끼우면 계속 내려서 끼워야 하는 것처럼, 원칙과 상식이 무너지면 새로운 가치관을 기대하기 어렵다.

상식이란 보편적 가치관은 이치에 어긋나지 않는 원칙을 세우고 그 원칙에 돌아가기 위해 초심을 잃지 않을 때 바로 설 수 있다.

상식인이란 어떤 지식이나 정보처럼, 특정한 내용을 이해하고 암기한다고 상식 있는 사람이 되는 것은 아니다. 상식에 부합되는 말과 행동이 뒤따라야 한다. 내년이면 우리는 우리 정치의 미래를 결정할 중요한 갈림길에 서게 된다. 우리의 책임은 2024 총선을 통해 상식이 통하는 공정한 사회를 만들 기반을 마련해야 한다.

지금 우리 주변 정세는 예사롭지 않다. 글로벌 경제 위기와 북한의 권력 변화에 따른 체제 변화 가능성이 예측을 불허하는 가운데 우리 사회는 아직도 남아 있는 이념 논란, 점점 더 심해지는 양극화의 갈등, 변함없는 기존 정치에 대한 불신을 배경으로 크고 작은 변화의 조짐들이 여러 방면에서 일어나고 있다.

또 공간상으로는 우리나라만의 국운을 넘어 세계사적으로 새로운 정치 · 경제 로드맵을 찾아야 하고, 시간상으로는 변화하는 시대정신에 맞는 역사의 방향성을 찾아야 한다. 상식이 통하는 공정한 사회를 만들기 위해서는 과거처럼 지도자의 일방적인 능력에 의지하기보다는 유권자의 힘과 지도자의 능력이 수평적으로 잘 조화를 이루어야 한다.

지금 우리 사회는 새로운 시대정신을 요구하고 있다. 내년의 22대 총선이 그 어떤 선거보다 중요한 의미를 지닌 것은, 현 정권의 폭주를 견제할 보루가 국회이기 때문이다.

현재의 우리 사회는 '상식조차 통하지 않는 사회' 가 되어 버린 것이다. 상식이란 무엇인가? 사전에서는 "일반적인 사람이 다 가지고 있거나 가지고 있어야 할 지식이나 판단력" 으로 풀이한다. 바로 정상적인 사람들이 당연하다고 여기는 것이 바로 상식이고, 그런 사람들이 사는 사회가 바로 상식적인 사회다. 물이 아래로 자연스럽게 흐르듯 하는 사회가 '상식이 통하는 사회' 다.

그런데 지금의 우리 사회는 당연하다고 여기는 것들이 통하지 않는, 몰상식한 사회가 되어버렸다. 부조리가 판치고 학교 교육은 일류대학 우월주의가 만연해 진실한 지식과 지혜를 주는 것이 아니라 주입식 공무에만 열중하고 있으며, 사회 지도자들은 불법을 통해서라도 자신의 자녀를 일류 대학에 보내기 위해 기를 쓰고 있다.

이러한 이유로 실질적으로 열심히 일하고 노력하는 보통사람들이 잘되는 것이 아니라 오히려 '상식이 통하지 않는 사회'를 만든 사람들이 부유한 삶을 살게 되고 각종 혜택이란 혜택은 모두 누리며 살고 있다. '상식이 통하지 않는 사회'가 되면 우리 사회는 사회 기강이 무너지고 어지러운 세상의 연속일 것이다.

보통 사람이 잘사는 사회, 자기가 일한 만큼 혜택을 보는 사회를 만들어야 모두가 공평하고 평등한 세상이 될 것이다. 이것이 '상식이 통하는 사회'다.

잘못된 선택, 자기 발등을 찍는다

우리는 지난해 대통령 선거에서 잘못된 선택을 한 대가를 톡톡히

치르는 중이다. 이제 겨우 1년이 지났을 뿐, 4년이나 임기가 남았다는 사실에 절망할 정도로 현 정부의 무능과 독선과 폭주는 상상을 초월한다. 잘못된 선택으로 국민만 고달프게 되었다.

"개인이 어리석으면 그 자신의 삶만 고달프지만, 정치인과 관료가 어리석으면 국민의 삶이 고달파진다."

고전에서 비롯한 말이지만, 오늘날에도 널리 통용되는 정치 상식이다. 국민이 고달픈 삶을 살 것인지, 아니면 행복한 삶을 살 것인지는 정치에 달렸대도 과언이 아니다. 그런데 오늘날 많은 국민은 고달프기 그지없는 삶에 처해 있다. 왜 그런가? 한 사회를 지탱하는 상식과 원칙이 제대로 서지 못하고 있기 때문이다.

그렇다면 정치란 무엇인가?

"정치란 사회적 가치, 즉 희소한 자원의 권위적 배분이다."

미국 정치학자 데이비드 이스턴은 이와 같은 정치의 가장 보편적인 정의를 제시했다. 정치학에서는 정치를 크게 두 가지로 정의한다. 하나는 바로 이 데이비드 이스턴의 정의이고, 다른 하나는 "정치는 적과 동지의 구분"이라는 말로 유명한 독일의 법학자 카를 슈미트가 말한 "정치는 공동체를 외부의 위협으로부터 지켜내는 일련의 행위"라고 한 정의다.

다시 말해, 정치는 사회구성원이 자본과 노동을 투입하여 창출한 재화와 서비스에 대한 분배 구조를 조직하는 것이며, 자기 공동체의 유지와 안전을 목적으로 행동하는 것을 포함하는 개념이다.

정치는 우리 삶과 동떨어진 것이 아니고, 소수의 정치인에게만 허락된 '그들만의 전유물'은 더욱 아니다. 만약 우리가 일상에서 불합리하다고 생각하는 문제나 소속 공동체의 불공정한 가치 분배를 인식한다면 그것은 정치를 통해서만 해결할 수 있다.

한 사회에서 생산하는 가치의 총합은 한정되어 있으며, 생활 수준을 결정하는 것은 그 한정된 가치의 총합을 어떻게 나눌 것인지 하는 시스템이다. 그러므로 가장 이상적인 정치 모델은 공동체 구성원 모두가 정치 주체가 되어 집단의 의사결정에 참여하는 것이다.

현대 사회가 복잡해지고 구성원이 크게 늘면서 대의민주주의를 채택하게 되었다. 사회 구성원인 시민이 직접 정치에 참여하는 대신 투표로 대리인을 손으로 뽑아 정치를 맡김으로써 간접적으로 정치 과정에 참여한다. 그러나 공동체의 단위를 국가가 아닌 도시로 두게 되면 시민이 직접 정치 과정에 참여하는 것이 가능하다는 생각이 더욱 힘을 얻어가고 있다.

실제로 스위스에서는 시민들이 몇 개월을 주기로 광장에 모여 안건을 상정하고, 토론하며, 직접 표결을 통해 정책을 결정한다.

이렇게 하니, 소수의 시 의원들이 정책을 결정하는 것보다는 훨씬 실질적으로 민의를 반영할 수 있다. 그러면서 사안에 따라서는 각 정책의 이해 당사자들이 더욱 적극적으로 참여하여 대화하고 토론하게 될 것이다.

직접 이해당사자인 시민들은 그들의 대표자인 시의원보다 정치 과정에 더욱 적극적으로 참여할 강력한 유인이 있다. 시민들은 누구를 대표하기 위해 그 자리에 있는 것이 아니라 자신의 삶에 실질적으로 영향을 미칠 정치적 사안을 다루고 있는 것이기 때문이다.

'국가의 존립과 권력의 유지'가 정치의 기본 목표일 수 있다. 그러나 그다음 더 높은 단계의 목표인 '사회정의 실현을 통한 구성원의 복지와 행복 추구' 가 정치의 궁극적인 목표이며, 또 그래야 한다.

이는 곧 정치의 역할이기도 하다. 정치는 사회 통합과 질서를 유지하는 것이고, 사회 구성원 간 다양한 이해관계의 합리적 조정을 통해 대립과 갈등을 통합적으로 조정하는 것이다.

그런데 우리 사회는 친일 청산 같은 역사 문제를 해결하지 못한 나머지 기득권이 획책하는 분열의 정치로 숱한 갈등을 낳고 있다. 그리하여 공정, 정의, 인권 같은 민주정치의 기본 개념조차 진영 간에 전혀 다르게 인식하게 되었다. 현실적 이해타산에 발목이 잡혀 왜곡된 역사 인식을 바로잡지 못하는 한 이런 논란은 끊이지 않을 것이다.

정치의 역할은 궁극적으로 국민의 행복을 증진하는 것인데, 국민의 기대와 욕구를 정책에 반영함으로써 행복한 삶을 살 수 있게 하는 것이다. 또 하나 정치의 역할이 있다면, 사회가 나아갈 방향을 제시하는 것이다. 공동의 의사결정을 통해 사회문제에 대한 해결책을 찾고 국가 비전을 제시하는 것이다.

밥 먹여주는 정치, 밥을 잘 나누는 정치

산업화 시대의 고도성장 기간에는 밥솥의 크기를 늘리는 데 초점을 맞췄다면, 이제 그 밥을 나눠먹는 데 초점을 맞출 수밖에 없는 시점이다.

오늘날 우리 사회는 지나치게 많이 가진 소수와 너무 적게 가진 대다수가 다른 편으로 갈려 있다. 이것이 바로 양극화인데, 누가 무엇으로 양극화를 해소할 수 있을까?

너무 적게 가진 우리가 정치를 통해 해소할 수 있다.
미국은 민주주의의 토대 위에 세워진 나라지만 불행하게도 신자유주의 물결에 휩쓸려 불평등이 만연해진 나라다.

국가는 엄청난 부를 이뤘지만, 부의 대부분을 소수의 부자가 차지하고 국민 대다수는 가난하게 산다. 반면에 북유럽 선진국들은 소수가 다 차지하는 대신 골고루 나눔으로써 불평등이 완화되도록 복지체계를 강화해왔다.

북유럽 모델은 우리 현실과는 동떨어져 있어서 현실적인 대안으로 독일 모델을 거론하기도 하지만 독일도 "더불어 같이 살자"는 공존을 사회적 합의로 채택한 사회민주주의 복지국가다. 그런 덕분에 유로존 위기를 극복하고 유럽의 지도국으로 우뚝 설 수 있었다. 이것은 모두 좋은 정치인들이 모여 좋은 정치로 이루어낸 성과다. 그 좋은 정치인은 바로 표를 쥔 유권자들이 만든다.

우리는 그동안 숱한 선거를 치렀지만 좋은 정치인들을 많이 배출하지 못했다. 기득권을 가진 나쁜 정치인들이 공공연하게 지역감정을 선동하여 계층적 이해관계에 따른 투표를 방해했다. 그렇게 나쁜 정치인들, 정치집단이 득세하는 악순환이 이어져 좋은 정치가 실종한 것이다.

우리 사회가 소득 3만 달러를 넘어 4만 달러로 가는 마당에 굶어 죽는 사람이야 나오지는 않겠지만 불평등은 더욱 깊어진다. 다수가 가난한 민주주의 사회다. 이제 다수가 행복한 민주주의로 가야 하는데, 그 열쇠는 정치가 쥐고 있다.

좋은 정치를 하려면 좋은 정치인들이 많아져야 하고, 그런 좋은 정치인을 배출하려면 좋은 리더가 있어야 한다. 물론 좋은 리더는 좋은 유권자가 만들어낸다. 그렇다면 좋은 유권자란 누굴까? 정치에 적극적인 관심을 가지고 분명하게 자기 목소리를 내는 사람들이다.

바야흐로 정치의 시대를 열어야 대중도 정치를 통해 자기 삶을 바꿀 수 있다는 여길 것이다. 정치를 통해 사회 시스템을 바꾸지 않는 한 개개인의 노력만으로는 희망도 키울 수 없고 행복해질 수도 없다. 이제 변화도 혁명도 정치와 선거를 통해 이루어야 한다. 그래야 끊임없이 더 나은 사회를 향해 나아갈 수 있다. 삶을 바꾸려면 정치 말고는 다른 대안이 없는 현실을 깨달아야 한다.

정치가 존재하는 이유

"정치는, 그리고 정치인은 왜 존재하는가?"

지난 미국 대통령 선거 민주당 경선에서 또 바람을 일으킨 버니 샌더스가 새삼 던진, 오래된 질문이다. 그러나 이 오래된 질문은 효력을 잃지 않고, 아니 오히려 더 큰 울림으로 끊임없이 새롭게 던져진다.

정치의 필요성은 '인간의 욕망은 무한한 데 비해 이를 충족시킬 수 있는 사회적 가치의 자원은 유한한 희소성이 있다'는 데서 대두되었다. 이런 의미에서 토머스 홉스는 "만인의 만인에 대한 투쟁" 상태를 말했으며, 이러한 투쟁의 주요 원인이 경쟁, 불신, 영예라고 했다.

이처럼 인간의 끝없는 탐욕에 따른 갈등으로 사회의 안정성이 무너지고 통일된 질서가 허물어진다. 그러나 인간은 누구나 평화로운 세계에서 자유롭고 행복하게 살기를 원하므로, 인간과 인간 사이에 발생하는 이해의 충돌을 적절하게 조정하는 작용이 공동사회에 필요한데, 그것이 바로 정치다.

어쨌든 정치적 인간은 주어진 사회·정치적 환경에서 정치 학습이나 경험을 통해 정치인이 되려고 한다. 그러나 참되고 정의로운 정치인이 되는 것은 쉬운 일이 아니다.

그렇다면 정치인으로서 인성과 실력, 그리고 품격을 갖추고 정치적 이상을 실현할 수 있는 정치인의 조건은 무엇일까? 이는 일일이 열거하지 않더라도 현실 정치인들이 보이는 행태를 반면교사로만 삼아도 충분히 알 수 있는 것들이다.

정치의 시작은 '나' 로부터

우리는 정치라고 하면 흔히 정치인들이나 하는 거창하고 골치 아픈 뭔가로 여기면서 우리 일상과는 상관없는 것으로 치부하기 쉬운데, 바로 이런 인식이 나쁜 정치, 자격 미달의 정치인을 양산해오면서 우리 삶의 질을 떨어뜨리는 부메랑이 되었다.

사실 정치는 이웃과의 층간 소음 문제를 해결하는 것으로부터도 시작되고, 우리 아이 등굣길의 안전을 생각하는 모임으로부터도 시작된다. 하다못해 누구와 함께 밥 먹는 일로부터도 시작되는 것이 정치다. 그리고 그 중심에는 반드시 '나' 가 있다.

굳이 아리스토텔레스를 들먹이지 않더라도 "일상이 정치이고, 정치가 일상일 수밖에 없는 세상" 에 살고 있다.

"정치는 한 사람의 힘이다. 한 사람이 내 아이디어를 다른 사람에게 전달하고 그 사람이 동조해 세상을 조금씩 바꿀 수 있으면 그게 정치다. 모든 사람이 정치인이고 나는 그렇게 정치한다."

스웨덴의 역대 총리 중 가장 사랑받는 정치인이라는 올로프 팔메가 말한 정치다. 총리 재임 중 역대 어떤 총리보다도 국제 문제에 적극적으로 개입하여 세계 평화와 정의와 자유 수호에 헌신한 그는 암살당하기 일주일 전인 1986년 2월 21일, "만약 세계가 아파르트헤이트를 철폐하고자 결심하면, 아파르트헤이트는 사라질 것"이라는 마지막 연설을 남겼다.

정치 참여는 시민의 자격이자 의무

구태에 갇힌 정치 구조를 변화시키고 개혁하는 데는 국민, 특히 젊은이들의 적극적인 정치 참여가 가장 큰 힘을 발휘할 수 있다.

민주주의는 훌륭한 제도만 있다고 실현되는 게 아니다. 민주사회를 구성하는 시민들이 적극적으로 정치에 참여하여 실질적인 민주의 가치를 현실에서 구현해낼 때 민주주의가 실현되었다.

정치에 대한 시민들의 무관심이 길어지고 참여가 실종되면, 에리히 프롬이 지적한 대로 시민 대다수는 사기 나리의 운명을 형성하는 데에 자기 목소리를 내거나 자기 할 일이 있다고 더는 믿지 않게 된다. 또 그들은 자신의 어떤 욕망이나 능동적 행위의 결과로 민주주의를 포기하게 되는 것이 아니라 좌절과 절망 그리고 무관심에서 비롯된 자포자기의 수렁으로 내몰렸기 때문에 민주주의를 포기하게 된다.

오늘날의 민주정치는 대개 대의민주제를 채택하는데, 국민이 선출하는 대표가 의회에서 법을 만들고 정책을 결정하는 의회 민주제를 원칙으로 하면서, 국민투표제와 같은 직접 민주적 요소로 보완한다. 그러나 투표를 통해 주권을 행사할 때 외에는 정치 참여 수단이 제한되어 있고, 정치에 대한 시민의 무관심이 심화하면서 국민의 의사에 따른 정치라는 민주정치 본래의 취지가 구현되지 못하고 있다.

시민혁명은 물론이고 역사상 숱한 시민운동에서 볼 수 있듯이 민주정치의 역사는 시민의 자발적 참여로 자유와 권리를 확보하는 여정을 보여준다. 시민의 정치 참여가 민주정치의 발전에 영향을 미치는 가장 중요한 요소라는 사실을 보여준다.

참여 없이 민주주의는 없다

표현하고 행동하는 것이 바로 참여다. 참여의 오래된 정의는 변질된 대의민주제에 대한 감시와 견제다. 시민이 자신의 대리인을 선출하여 의회로 보내놓았더니 그들 대리인이 시민의 이익에 복무하기는 커녕 스스로 권력이 되어 시민 위에 군림하여 들고 다시 자신의 이익에 복무하려 든다. 더 나쁜 것은, 자본 및 언론과 결탁하여 여론을 호도하고 조작하는 한편 중우정치와 금권정치를 획책하여 민주주의를 뿌리부터 흔들어대는 것이다.

세계가 자본주의 메커니즘을 통해 하나로 연결된 오늘날, 정치권력보다는 자본 권력이 시민의 삶을 더욱 구체적으로 더욱 강력하게 지배하게 되었다. 민주정치의 전통은 오래되었지만 이런 급변한 글로벌 환경에 시의적절히 대처하지 못한 나머지 시민의 권리를 대변해야 할 정치권력은 자본 권력의 하수인으로 전락해가는 길을 밟고 있다.

그러므로 이제 시민이 자신의 합당한 권리 주장과 이익을 지키려면 참여의 폭을 넓힘으로써 민주정치를 수호하는 수밖에 없다. 우리가 대리인으로 파견한 정치인들은 대다수가 이미 거대 자본과 자기 탐욕에 포섭되어 우리의 권리를 침해하고 민주정치를 망가뜨리고 있다.

그보다 더 우려스러운 것은, 아니 두려운 것은 신자유주의라는 악마의 날개를 장착한 자본주의의 탐욕이 개인의 삶을 파편화하고 생물 생존의 터전인 지구를 망가뜨리는 속도에 가속이 붙었다는 것이다. 경제 대국들이 파리기후변화협약 같은 최소한의 온난화 방지 장치를 노골적으로 폐기하고 있으며, 중국과 같은 '세계의 굴뚝' 들은 더욱 늘어날 것이다.

아예 협약을 저버린 얼빠진 나라들은 말할 것도 없지만 예의 협약에서 규정한 탄소 배출량 공개나 배출량 감축 목표도 제대로 이행하지 않는 대기업이 많다. 지구촌 거대 기업 80%가 파리기후협약을 준수하지 않고 있는 현실이다.

역사는 참여를 먹고 진보한다

"세상을 사는 데 구경꾼이 되어서는 안 되며, 나아가 불의와 부조리에는 분노해야 한다. 주체성을 지니고 참여하는 사람만이 자기 권리를 지키고 세상을 변화할 수 있다."

프랑스의 외교관이자 작가 스테판 에셀의 통찰이다.

그의 참여와 분노는 그의 레지스탕스 활동 이력에서 출발한다. 그는 독일의 유대계 집안에서 태어났는데, 어렸을 때 가족이 프랑스로 이주했다. 나치가 프랑스를 점령하자 드골이 이끄는 '자유 프랑스'에 가담하여 레지스탕스 운동에 투신한 그는, 나치에 체포되어 살해되기 직전에 극적으로 탈출하여 나치의 몰락을 지켜보았다.

레지스탕스 정신을 사회참여 정신으로 승화시켜 널리 전도한 그는 "대량 소비, 약자에 대한 멸시, 문화에 대한 무시, 일반화된 망각 증세, 만인의 만인에 대한 지나친 경쟁에 맞서서 평화적 봉기를 일으킬 때"라고 외쳤다. "참여하지 않는 것, 즉 무관심은 중립이 아니라 천부인권을 저버리는 죄악"이며, "연대와 참여는 사람됨을 다하는 책임"이라고 깨우쳤다.

그렇다면 어떻게 참여할 것인가?

그는 인류가 해결해야 할 가상 시급한 문제로 경제적 불평등을 꼽는다. 빈부의 극단적인 양극화에 분노하고, 평등의 가치가 퇴보하는 사회 흐름에 맞설 것을 촉구하지만 여기에는 과거보다 더 깊은 성찰과 전략이 필요하다고 충고한다.

과거의 레지스탕스는 기차를 폭파하면 됐지만, 지금은 사람들을 설득하는 한편 현명한 정치인이 당선되도록 선거에 참여해야 한다는 것이다.

"열 사람 중 한두 사람의 적극적인 참여만으로도 역사는 진보하고 있다."

그는 젊은 세대들에게 "지나친 낙관론도 문제지만 지나친 비관론은 더 문제"라며, "역사의 진보를 긍정하고 적극적인 참여를 통해 당면한 위기를 극복하자"고 호소한다.

에셀은 "빈곤 같은 사회적 불평등 문제도 환경 문제와 별개로 존재하지 않는다"고 주장한다. 빈곤한 국가와 빈곤한 시민이 환경 문제의 가장 큰 피해자가 될 것이기 때문이다. 자본주의는 개발이라는 미명으로 곳곳에서 지구를 파괴하고 있고, 이로 인한 참상은 과거 세계대전의 참상만큼이나 심각하다.

빈곤 국가를 가난의 올가미에 옭아매는 다국적기업의 횡포 또한 지속 가능한 발전이라는 미명으로 행해지는 지구 파괴의 산물이다.

빈곤 국가를 발전시키려면 다국적기업에 대한 의존도를 줄이고, 학교 교육과 문맹 퇴치, 건강 보장에 주력하면서 농업처럼 땅과 가장 가까운 생산을 장려하여 자급자족을 실현하는 것 외에는 달리 방도가 없다.

에셀이 미래 세대에게 촉구하는 것은 창의적인 저항과 진정한 참여다. 지금은 저항만으로는 부족한 시대이므로 늘 긴장하고 늘 창조할 것을 권유한다.

또 무엇이든 단순화하는 버릇은 위험하다며 경계한다. 오늘날의 저항이나 참여는 창의적이고 신중한 사고에 따른 장기적인 전략을 필요로 하기 때문이다. 현명한 정치인을 선택하는 것 역시 창의적인 참여의 하나다.

레지스탕스의 저항정신에 바탕을 둔 에셀의 사상은 '아랍의 봄'으로부터 '월가를 점령하라' 캠페인까지 지구촌 곳곳에서 벌어진 비폭력 저항운동에 영향을 끼쳤다. 그는 어떤 경우에도 포기하지 말라고 한다.

지금의 상황이 암울할지라도, 아무리 노력해도 출구가 보이지 않더라도, 저항이 효과가 없어 보일지라도, 지지 후보가 선거에서 졌더라도, 변화의 속도가 너무 더디게 여겨지더라도 결코 포기해서는 안 된다는 것이다. 결국, 인간의 정신은 진보할 것이고, 인간 존엄성을 향한 인류의 대장정은 멈추지 않을 것이기 때문이다.

"나는 위기로 인한 고통에 대한 대답이 민주적 가치를 지키는 개혁적 민주주의의 힘을 결집하는 데 있다고 본다. 20세기의 유럽은 이데올로기 과잉이었다. 이것은 인간에 대한 모든 신뢰를 잃게 했다. 인간은 그 자체로 충분하다. 전지전능한 안내자를 필요로 하지 않는다. 그래서 나는 공산주의자가 되지 않았다. 반공주의자 역시 되지 않았다. 나는 기존 질서를 파괴하는 혁명적이거나 폭력적인 행위를 통해 변화가 이루어진다고 생각지 않는다. 길게 보면 변화는 행동, 정치적 협의, 민주적 참여를 통해 온다고 믿는다. 민주주의는 목적이다. 그러나 또한 수단이 될 수 있다."

배려와 연대의 시대정신

지난 3년은 유례없는 바이러스 재난과 싸운 격동의 시간이었고, 세계의 국경이 닫히고 일상의 문들이 닫힌 멈춤의 시간이었다.

사회적 거리 두기가 일상화되면서 끝없이 추락하는 오프라인 산업에 반해 비대면 온라인 서비스는 활기를 띠고 있다. ICT 기술에 능숙한 젊은 나홀로족 덕분에 인터넷 쇼핑몰, 음식배달 플랫폼과 넷플릭스 매출은 급증해 거리는 택배기사와 배송 차량으로 북적인다. 불과 얼마 전만 해도 먼 미래의 일로만 여겨지던 4차 산업혁명의 언택트 기술이 어느새 우리 곁에 쑥 들어왔다. 그런가 하면 ICT 기술에 소외된 부류나 계층은 생존을 걱정해야 할 지경이다.

"과학 발전은 점진적으로 이뤄지는 게 아니라 패러다임에 따라 혁명적으로 진행되며, 이 시대의 과학혁명은 코로나 바이러스와 같은 미지의 전염병으로 촉발된다."

요즘 변화하는 세상을 보고 있자면, 미국의 과학사학자 토머스 쿤의 주장처럼 변화는 가히 혁명적이다. 그에 따라 사회의 패러다임이 일시에 바뀌는 세상이다. 거의 모든 직장의 회의 대부분이 칸막이 안에서 마스크를 쓴 최소 인원만으로 진행되며, 전 직원 간의 소통은 유튜브로 현안을 소개하고 의견을 청취함으로써 이루어진다. 언택트 소통이 새로운 일상으로 자리 잡아가고 있다.

이제 인류는 과거의 무한경쟁, 승자독식의 패러다임에서 공존을 도모하는 운명공동체로 전환해야 한다. 안으로는 서로의 안전을 위해 기꺼이 불편을 감수하는 배려가, 밖으로는 국가 간의 연대와 협력이 바로 우리 인류가 생존하는 길이다.

화성산업진흥원장 재직 시
업무협약식 및 기타

법인 화성산업진흥원 창립총회

일시 : 2020. 12. 18. 10:00   장소 : 화성시청 상황실

화성산업진흥원장 재직 시
인터뷰 및 기사 내용

"화성시의 빛나는 내일,
HIPA와 함께라면 가능합니다"

나원주
화성산업진흥원장

기업 도시 화성에 걸맞은 진흥원이 필요하였습니다

경기도 기초자치 단체 중 지역경제 규모가 가장 큰 도시, 2020년 기준 2만 7천여 개의 제조업체를 보유한 도시, 삼성전자와 현대차를 포함해 22개의 대기업과 2만 3천여 개의 중소기업이 자리 잡은 도시, 미래차·바이오·반도체 BIG3 분야를 선도하는 도시, 수많은 이들이 가능성을 꿈꾸며 창업하는 도시 '기업하기 좋은 도시' 화성시에는 그에 걸맞은 진흥원, 기업지원이 필요하였습니다

2021년 설립된 화성산업진흥원은 화성시 중소·벤처기업의 성장을 위한 기업지원기관으로서 기업의 규모와 업종, 업력 등을 막론하고 함께 성장하고 상생할 수 있는 기반을 다지기 위해 노력해왔습니다. 그 노력을 통해 든든한 창업 거점을 마련하고 각

종 공모사업에 적극적으로 참여하여 다양한 기회를 만들어 냈을 뿐 아니라, 화성시 6대 전략산업을 중심으로 분야별 맞춤형 기업지원을 수행하였습니다. 지속 가능한 산업생태계 기반을 조성하고 화성시 기업의 혁신역량을 강화하겠다는 목표 아래 나아갈 방향을 분명히 설정하고 이상을 확립하기 위한 시간을 보냈습니다.

화성시 전략산업을 기반으로 미래전환에 따른 대응 방안을 마련하였습니다

진흥원은 매월 화성시 6대 전략산업 분야에 대한 성공적인 미래전환을 위해 트리플-X 포럼 기술세미나를 개최하였습니다. 급변하는 산업분야에 따라 화성시 기업들이 구체적인 미래 대응 방안을 준비할 수 있도록 전문가를 초청한 기술세미나 개최, 기업 간 네트워킹을 기반으로 한 산·학·연·관 간 협력체계를 구축하고자 노력하였습니다. 미래차·반도체·바이오 분야를 중심으로 '테크노폴 화성' 추진을 위해 나아가고 있습니다.

함께할 수 있는 공간을 마련하고 창업 생태계를 구축해냈습니다

그렇게 화성시는 내일이 더 기대되는 도시가 되었습니다. 진흥원은 '화성창업투자펀드 1·2호'를 조성하여 혁신 창업 생태계를 구축해냈습니다. 목표액인 300억 원을 훨씬 상회하는 617억 원 규모로 펀드를 결성함으로써 창업 초기 기업과 청년 창업 기업에 56.7건의 일자리 창출 효과를 얻을 것이라 기대

합니다. 지역 내 우수기업 발굴 및 지역 외 우수기업을 유치하기 위한 투자 전문 운용사를 선정, 2023년부터 투자를 시작할 예정입니다.

또한 동탄 도시첨단산업단지 내 '동탄 LH 인큐베이팅센터'를 구축하여 창업공간 제공부터 멘토링·네트워킹·투자 유치까지 창업에 필요한 모든 인프라를 한 공간에서 경험할 수 있게 됩니다.

또한 기업 간 선순환 구조를 형성하고 창업지원 체계를 수립, 기관과 입주기업 간 협력을 이끌고 파트너 기관의 후속 투자 연계 또한 추진할 예정입니다.

우리는 화성시의 청사진을 현실로 구현할 것입니다

2023년에는 국제도시 200만 메가시티를 향한 창업지원, R&D 강화, 인재 육성, 판로 개척 등 전방위 지원을 확대할 예정입니다. 특히 화성시 기업의 정부과제 유치를 위한 지원, 지역경제 활성화를 위한 R&D 지원으로 기술 고도화를 추진하고, 신산업의 성장과 일자리 창출에 기여하고 시장확장 단계에 있는 중소기업의 성장 역량을 강화하겠습니다. 맞춤형 액셀러레이팅 프로그램과 중소기업 판로개척 등 다방면의 지원사업을 추진함으로써 테크노폴 화성의 청사진을 구현해나갈 것입니다.

진흥원은 화성시 기업들이 지원사업에 적극 참여하여 동반성장할 수 있기를 바랍니다. 기업 경영의 애로사항과 고충을 수렴하고 관련 정책연구를 통해 기업 맞춤형 지원사업을 운영할 수 있도록 노력하겠습니다.

"함께 성장하고 함께 행복을 누리는 화성시를 만들기 위해
각자의 위치에서 노력하고 계시는 기업 관계자 여러분,
한마음으로 애써온 화성산업진흥원 식구들 모두 고생 많으셨습니다.

기업지원기관으로서 확립한 이상을 바탕으로
새해는 더 빛나는 가능성으로 채워나가겠습니다."

2022년 화성시 창업육성 지원사업

★

공간, 자금, 멘토링까지…
전방위 '밀착 창업 지원'

출처 : LH

2022년, 진흥원은 기업하기 좋은 도시를 만들기 위한 첫 번째 창업 인프라 조성에 나섰습니다.
좋은 아이디어와 추진력을 가진 화성시 기업이 현실의 벽에 무너지지 않고 도약할 수 있도록
필요한 부분을 구석구석 살피며 지원을 이어나가고 있는데요. 특히 창업 기업의 공간 마련
문제를 해결하고 기업 간 네트워크 형성을 도울 인큐베이팅센터 구축,
우수 기업 집중 지원을 위한 창업투자펀드 조성 등의 성과를 이뤄냈습니다.

출처 : LH

창업 인큐베이팅센터, 화성에 들어서다

진흥원은 화성시 창업 생태계의 중심이 될 인큐베이팅센터를 운영할 예정입니다. 기업공간 129실, 공용 공간, 행복 주택 280호 등을 확보한 인큐베이팅센터를 통해 기본적인 창업 인프라를 구축, 창업 기업이 기반을 마련할 수 있도록 도울 예정입니다.

독립형 오피스 및 코워킹 공간, 가상 오피스, 오픈형 좌석 등 기업의 수요에 따라 다양한 업무 공간을 저렴한 비용으로 제공하여 스타트업의 창업 초기 비용을 줄일 수 있을 것으로 기대됩니다. 또한 선·후배 기업 간, 지원기관과 입주기업 간 선순환 네트워크 구조를 형성하여 협력을 유도하고 파트너 기관의 후속 투자를 연계한 네트워킹을 지원할 예정입니다.

화성시 내 첫 번째 창업투자펀드가 조성되다

화성창업투자펀드 운용사

화성시 기업의 생존과 성장에 꼭 필요한 자양분이 되어 줄 화성시 첫 창업투자펀드가 조성되었습니다. 이를 통해 화성시 우수 창업기업을 발굴하고 투자함으로써 집중 성장을 돕고 성공 모델을 육성할 예정입니다.

당초 화성창업투자펀드의 목표 투자금액은 화성시 출자금(45억 원)의 2배인 90억 원이었으나, 화성시 출자금의 3배인 135억 원 이상으로 상향되어 투자가 진행될 예정입니다. 기술력이 뛰어나지만 자금이 부족해 어려움을 겪는 화성시 창업 기업이 더 많은 투자를 받을 수 있을 것으로 보이며, 투자 후 회수된 자금은 신규 펀드 재투자 등 화성시 기업지원 활성화를 위해 재사용될 예정입니다.

화성시 스타트업을 위한 이륙작전!

진흥원은 2021년에 이어 2022년에도 '스타트업 이륙작전'을 펼쳤습니다. 스타트업 20개사를 대상으로 1:1 일학 멘토링, 맞춤형 액셀러레이팅 프로그램을 지원하고, 데모데이를 추진하여 투자 연계를 위해 힘썼습니다. 이를 통해 운영사 직접 투자 및 후속 투자 성과를 내는 등 선정된 기업들이 미래 혁신기업으로 성장할 수 있도록 지원하였습니다.

화성시 중소기업 간 비즈니스 기회를 제공하다

소프트웨어 및 하드웨어 기술을 기반으로 하는 스타트업, 혹은 예비 창업자를 대상으로 '스타트업 - 로컬기업 어울림 사업'을 운영하였습니다. 재료비, 제품 설계 및 디자인, 시제품 개발, 초도양산, 소프트웨어 설계, 소프트웨어 개발비 등을 최대 1,000만 원까지 지원하였습니다. 특히 2022년에는 HW/SW 시제품 전문제조 업체 풀(POOL)을 만들고 공유하여 스타트업이 시제품 제작 수행 업체를 선정할 수 있도록 돕고, 화성시 중소기업 간 협업 및 거래를 활성화하여 비즈니스 매칭 기회를 제공하였습니다. 하드웨어뿐 아니라 소프트웨어에 이르기까지 폭넓은 지원을 제공하였다는 점도 주목할 만한 점입니다.

"기업하기 좋은 도시, 화성에서 꿈을 펼치세요"

창업육성 지원사업 수혜기업 인터뷰

㈜제라브리드

Q. 제라브리드는 어떤 기업인가요?

차세대 전기차에 필수적으로 필요한 고기능성 복합 분리막을 개발, 고객맞춤형 분리막 제품을 제공하는 스타트업입니다. 2차전지용 복합분리막 코팅 솔루션으로 안전성과 에너지 밀도는 높이고 제품 수명은 늘리는 동시에 가격은 낮춘 제품을 개발하였습니다.

Q. 주력 제품은 무엇인가요?

미래차용 차세대 2차전지를 개발하기 위해서는 전지 안전성, 높은 에너지 밀도, 긴 수명, 낮은 가격 등의 요구사항을 충족하여야 합니다. 본사는 2차원 소재를 적용한 첨단 코팅 기술과 친환경 공정을 통해 전기차의 안전성과 성능을 획기적으로 향상시킬 수 있는 복합분리막 제조기술을 개발하였습니다.

Q. 화성산업진흥원 지원사업에 참여하게 된 계기는 무엇인가요?

전기차(EV) 및 에너지저장장치(ESS)의 화재로 촉발된 '2차전지의 안전성'에 대한 요구를 충족하기 위해 전고

체전지 등의 연구개발이 진행되고 있지만 계면저항 극복과 대량생산 기술개발 등의 난제가 아직 해결되지 않은 상황입니다. 전기차의 안전성 및 주행거리 향상과 리튬이온 2차전지의 수명 증가에 필수적인 고안전성, 고기능성 코팅분리막 개발이 요구되는 시점에서 '2022년 스타트업 이륙직전 사업'에 참여하여 당사가 개발한 복합분리막 시제품 제작에 성공하였으며, 현재 공인인증기관 및 고객사와 전지 성능, 안전성 평가 테스트를 진행 중에 있습니다.

Q. 사업에 참여하여 어떤 성과를 얻으셨나요?

전문기관과의 네트워크를 형성할 수 있었고 2022년 프리시리즈A 펀딩에 직접 투자를 받게 되었습니다. 2023년 2개의 양산 설비를 구축하는 것을 시작으로 2028년까지 국내외에 30개의 생산라인을 구축, 연 4억m² 생산 캐파(CAPA, 생산능력)를 확보하고 국가전략산업으로 도약할 것입니다. 해당 사업과 시장 전체에 투입되는 인력의 파급 효과는 500명 이상으로 예상됩니다. 또한, 기술 특례로 2025년 기업공개(IPO)를 계획하고 있습니다.

미래 산업을 향해,
손잡고 함께 나아가요!

화성산업진흥원은 화성시 기업이 사업의 방향성을 모색하고 미래 산업 전환의 흐름에 맞춰
대응 능력을 갖출 수 있도록 지원하고 있습니다. 2022년에는 화성시 전략산업 분야의
트리플-X 포럼 기술세미나를 개최하고 국제 모빌리티 산업전에 참가하여 기업이 산업의
흐름을 파악하고 네트워크를 꾸릴 수 있도록 도왔습니다. 화성시 기업 278개사와
유관 기관 77개사가 기술세미나에 참석하였으며, 10월에 열린 모빌리티 산업전에는
화성시 기업 10개사가 참여하여 56건의 미팅을 성사하였습니다.

매월 마지막 주 수요일에 열린
미래산업 전환을 위한 정보 교류의 장

진흥원은 2022년 1월부터 총 10회에 걸쳐 화성시 6대 전략산업을 기반으로 한 트리플-X 포럼 기술세미나를 열었습니다. 화성시의 6대 전략산업은 미래 반도체, 지능형미래차, 휴먼헬스케어, 지능형제조(소부장), 탄소제로시스템(환경), 스마트물류로 구분되는데요. 진흥원은 이를 디지털 전환(DX: 반도체, 소부장), 모빌리티 전환(MX: 미래차, 물류), 그린 전환(GX: 휴먼헬스케어, 환경)으로 그룹화하고 미래산업 전환 방법을 모색하였습니다. 그 활동의 일환으로 화성시 기업이 전문가 강연을 통한 산업 트렌드를 이해하고, 미래 대응 능력을 갖출 수 있도록 기술세미나를 추진하였습니다.

해당 세미나는 산·학·연·관의 네트워킹이 빛난 행사였기에 더욱 의미가 깊습니다. 진흥원은 2021년 화성시와 자동차안전연구원, 한국산업기술시험원, 한국생산기술연구원, 한국화학융합시험연구원, 중소벤처기업진흥공단, 기술보증기관과 미래산업 발전을 위한 업무 협약을 맺은 바 있는데요. 여러 전문기관들이 머리를 맞대 더욱 깊이 있는 포럼을 만들어갈 수 있었습니다.

前 현대자동차 부회장을 역임한 권문식 EPIC 고문의 '미래산업 변화에 대한 자동차 회사의 대응전략' 강의로 문을 연 기술세미나는 진욱 자동차부품산업진흥재단 자문위원의 '자율주행 개발현황과 과제' 강의, 정상전 성균관대학교 약학과 교수의 '항체 약물복합체 기술개발의 최신 동향' 강의 등 의미 있는 내용으로 채워졌습니다. 현장에 오래 몸담았던 전문가 강연이 진행된 뒤 참여 기업 간의 다양한 토론, 정보 교류 시간이 진행되어 높은 호응을 받았습니다. 트리플-X 포럼은 오는 2023년 집중·확대하여 운영될 예정입니다.

화성시 모빌리티 분야 기업, 국제 모빌리티
산업전서 좋은 성과 거둬

진흥원은 오랜 기간 국내 자동차 산업의 방향성을 선도해 온 모빌리티 산업 전문 전시회인 '국제 모빌리티 산업전(KOAA-GTT SHOW)'에 화성시 공동관 형태로 참여하여 화성시 모빌리티 분야 산업군에 해당하는 중견·중소기업의 우수제품 홍보에 나섰습니다.

KOTRA, (재)아인글로벌이 주최하는 해당 산업전은 뿌리 산업부터 미래차 부품까지 모빌리티 산업의 전 Value Chain을 전시하는 종합 전시회이자 국내 바이어들이 함께하는 전시회로서 우수제품을 홍보하고 바이어 매칭 상담을 진행하기에 더할 나위 없는 기회였습니다.

산업전에는 화성시 10개사가 참여하였습니다. 3일 동안 5천 여 명이 방문하여 전시회를 참관하였으며, 10개사는 방문객과 222건 상담을 진행하고 국내외 바이어와 56건의 미팅을 성사하는 성과를 이뤘냈습니다. 좋은 성과로 연결된 만큼 2023년에는 그 규모를 더욱 키워 '화성 글로벌기업 엑스포(가칭)'를 운영할 예정입니다. 진흥원은 더욱 많은 기업이 한자리에 모여 기술을 교류할 수 있는 기회를 지속적으로 만들어가고자 합니다.

2

화성시 산업 육성을 위한
종합 컨설팅 및 사업화자금 지원

기업 성장에 필요한 모든 것,
구석구석까지 살피다

진흥원은 기업 한 곳이라도 더 빠르게 성장 역량을 갖추고 내일을 맞을 수 있도록
다양한 지원을 이어갑니다. 소재, 부품, 장비 분야 기업이 새로운 아이템을 사업화할 수 있도록
도왔고, 각종 정부 공모사업에 참여할 수 있도록 맞춤형 컨설팅을 진행,
기업 운영에 있어 고민일 수밖에 없는 마케팅 분야 지원 또한 적극적으로 운영하였습니다.
진흥원은 앞으로도 더 필요한 부분은 없는지 구석구석 살피며 꼭 필요한 지원을 이어가겠습니다.

소재, 부품, 장비 분야 새로운 아이템의 사업화를 지원하다

'화성시 소부장산업 육성사업'을 통해 화성시 소재·부품·장비 분야 기업이 경쟁력을 높이고 새로운 아이템을 사업화할 수 있도록 지원하였습니다. 사업화자금 지원을 통해 선정된 5개사는 모두 제품이나 기술, 시스템을 개발하는 등 의미 있는 성과를 거두었습니다. 진흥원은 참여 기업과 3차례 미팅을 진행하여 진행 상황을 점검하였으며, 시장동향 조사 결과 등의 자료를 제공하고 2개사를 대상으로 ESG 컨설팅을 진행하는 등 기업이 분명한 성과를 낼 수 있도록 뒷받침하였습니다.

중소기업의 기술 개발을 돕고 혁신 동력을 제공하다

2022년 7월 시작하여 2023년 6월까지 1년간 진행되는 '강소기업 육성 R&D 지원사업'은 화성시 소재 중소기업의 기술 개발 및 전후방 연계산업 육성을 통해 기업의 혁신 동력을 제공하고 매출, 고용 창출을 유도하기 위해 마련되었습니다. R&D 지원에 관심 있는 기업 총 32개사가 접수되었고, 화성시

6대 전략 산업 분야 3개사, 자유 산업 분야 4개사를 선발하여 지원, 각종 개발 성과를 얻었습니다.

중소기업의 도약을 위한 지식재산권·인증 등 컨설팅 지원

진흥원은 중소기업이 지원사업을 충분히 활용하여 역량을 다질 수 있도록 노력하고 있습니다. '정부 공모과제 참여 컨설팅 지원사업'을 통해 정부(지자체) 지원사업에 참여하는 데 어려움을 느끼는 중소기업을 위해 종합 컨설팅을 지원하며, '중소기업 혁신 성장 기술지원사업'을 통해 특허, 인증 등 원하는 분야의 지원을 기업이 선택하여 지원 받을 수 있도록 메뉴판 형태로 제공하였습니다.

정부 공모과제 참여 컨설팅 지원사업의 경우, 기업의 관심 분야를 파악하고 알맞은 지원사업을 매칭했을 뿐 아니라 사업 계획서 작성, 발표 등의 코칭까지 사업 참여에 관련된 모든 과정에 대해 종합 컨설팅을 진행하였습니다. 28개사를 대상으로 정부 과제 실무자 교육을 진행하였으며, 20개사를 대상으로 맞춤형 컨설팅을 실시하여 8개사가 10건의 정부 공모과제에 선정되었습니다. 또한, 전문가와 기

업 간 네트워크 형성을 위한 '네트워킹 데이'를 개최하기도 하였습니다.

'중소기업 혁신성장 기술지원사업'의 경우 지식재산권, 규격 인증, 제품 시험, 혁신 인증 등 지원 범위 내 정보를 제공하였습니다. 당초 목표인 80개사를 넘어 총 121개사 대상 269건의 지원을 마쳐 151%의 달성률을 기록하였습니다.

기업 경쟁력 강화를 위한 마케팅 지원에 나서다

진흥원은 화성시 기업의 판로개척 및 기업 경쟁력 강화를 위해 마케팅 지원사업을 운영하였습니다. 지원 분야를 7가지로 나누어 최대 300만 원의 마케팅 소요비용을 지원함으로써 기업이 꼭 필요한 부분을 보완할 수 있도록 하였습니다. 제품 사진 촬영, 유튜브 영상물 등의 홍보물 제작부터 카탈로그나 브랜드 디자인 제작, 홈페이지 구축, 소셜미디어 광고까지 다양한 분야의 지원에 나섰습니다.

전시회 참가

디자인 제작(카탈로그)

서비스 구축(홈페이지)

홍보물 제작(영상)

마케팅 지원사업 지원 세부 내용

홍보물 제작
→ 제품 사진촬영, 기업·제품 홍보영상 제작, 유튜브 영상물 제작

디자인 제작
→ 카탈로그(종이·전자), 제품 설명서, 브랜드 디자인 (로고·패키지 등), 앱디자인 (UI·UX 등)

서비스 구축
→ 기업 홈페이지 구축, 자사몰 구축

광고 송출
→ 홈쇼핑 TV·라디오 광고영상 제작·송출비 등

키워드 검색
→ 검색 앤진(네이버·구글 등) 키워드 광고비, 배너 상단 노출 광고비

소셜미디어 광고
→ SNS(인스타그램·페이스북, 블로그) 등 소셜 미디어 플랫폼을 통한 마케팅

전시회 참가
→ 국내외 전시·박람회 참가비 (부스 임차료, 부스 장치비 등)

고효율 기자재를 확보하고, 스마트공장을 설립할 수 있도록 돕다

화성시 에너지 과다 사업장을 점검하고 고효율 기자재로 전환할 수 있도록 돕기 위한 사업도 운영하였습니다. 화성시 에너지 진단 및 시설 개선 지원사업을 통해 35개사 대상 에어컴프레셔·냉동기·사출성형기·삼상유도전정기 등의 에너지 진단을 실시하였으며, 에너지 진단 보고서 검토 후 시설 개선을 진행 중입니다.

또한, 스마트 공장 구축 지원사업으로 기업의 투자 부담이 높은 스마트공장 구축 비용 일부를 정부 지원금과 연계하여 지원하였습니다. 본 사업을 통해 18개사가 최대 2억 원까지 지원을 받으며 새로운 내일을 꿈꾸고 있습니다.

화성시 콘텐츠 시장의 확대를 꿈꾸다

진흥원은 콘텐츠 시장의 확대 및 부가가치 창출에도 많은 관심을 기울이고 있습니다. 화성시 콘텐츠 기업이 경쟁력을 확보할 수 있도록 콘텐츠 IP를 가지고 있는 기업 4개사를 선정, 콘텐츠 제작비를 지원하였습니다.

"HIPA 덕분에 앞으로 만들어 갈
성과가 더욱 기대됩니다"

산업진흥 지원사업 수혜기업 인터뷰  주식회사 아이캡코리아 ㈜아이캡코리아

Q. 아이캡코리아는 어떤 기업인가요?

아이캡코리아는 꾸준한 연구개발을 통해 특화된 성능의 전기 절연 및 방화 자재를 생산하는 전문 기업입니다. 2012년 설립된 아이캡코리아는 창업기를 거쳐 2016년에는 국내 방화자재 업체 최초로 소방제품 글로벌 인증인 'FM APPROVAL 인증'을 받았습니다. 이후 R&D 성과에 따라 2019년 산업통상자원부로부터 연소지방재 'NEP 인증', 행정안전부의 '재난안전인증'을 취득. 2021년에는 주력 제품인 실리콘 절연 슬리빙이 중소벤처기업부 '혁신제품'으로 지정되었습니다.

Q. 주력 제품은 무엇인가요?

아이캡코리아의 주력 제품은 국내 최초 KS인증을 받은 실리콘 절연 슬리빙 'EYE CAP'인데요. 전기적 특성 및 내열이 우수한 실리콘을 활용함으로써 전기 접속부 온도 감지와 압착부 육안 점검이 가능하다는 특징이 있습니다.

이외에도 건축물 화재 시 방화구획을 관통하는 가연성 케이블을 통해 화재 확산을 차단하는 'FIREZERO TRAY TYPE 내화채움재'는 차열재가 필요 없는 내화

채움재로, 타제품이 내화성능 확보를 위해 추가로 사용하는 차열재로 인해 케이블 온도 상승 이슈를 발생한다면 아이캡코리아의 'FIREZERO TRAY TYPE 내화채움재는 허용전류 저감에 영향을 주지 않는 국내 유일의 제품입니다.

Q. 사업에 참여하여 어떤 성과를 얻으셨나요?

아이캡코리아는 화성산업진흥원의 '2021년 강소기업 육성 산학연계 R&D 지원사업'에 참여하여 KS 기준에 적합한 '온도 변화용 절연 슬리빙'을 개발하였습니다.

온도 변화용 절연 슬리빙은 전기화재의 원인 중 중요한 전선 과열을 육안으로 확인할 수 있어 화재에 취약하고 검출 기능이 없는 기존의 PVC 절연튜브와 기술적 측면에서 차별화된다고 할 수 있습니다. 이를 통해 전기 화재 예방이 가능한 절연 접속재의 시장 확대 및 전기 화재에 따른 사고와 인명 피해를 예방할 수 있는 접속부 절연재로 자리 잡아갈 것이라 기대하고 있습니다.

또한 이번 사업 참여를 통해 제품 개발과 매출 증대에 따른 개발, 물류, 생산 분야 신규 직원 총 9명을 채용하는 등 다양한 성과를 낼 수 있었습니다.

"명확한 지표를 설정하는 데 많은 도움이 되었습니다"

산업진흥 지원사업 수혜기업 인터뷰 ㈜토들리에

Q. 토들리에는 어떤 기업인가요?

토들리에는 영유아를 대상으로 하는 교육을 놀이식 활동을 비롯한 다양한 방식으로 쉽고 재미있게 제공하고자 설립되었습니다. 영어로 교육하는 체험형 과학 및 수학 수업이 주력 분야이며, 리터러시·수학·과학 교육용 콘텐츠 및 워크북을 개발하였습니다.

Q. 화성산업진흥원 지원사업에 참여하게 된 계기는 무엇인가요?

수업에 사용하고 있는 콘텐츠에 상호작용 기능을 추가하여 아이들의 참여율을 높이고 싶어 애플리케이션화를 구상하던 중 화성산업진흥원 지원사업을 알게 되었습니다. 애플리케이션을 구상하기 위해서는 음원 녹음, 애플리케이션 개발, 디자인, 기획 등 다양한 부문에 대한 비용이 필요하였고 해당 부분에 대한 지원을 희망하여 사업에 참여하게 되었습니다

Q. 사업에 참여하여 어떤 성과를 얻으셨나요?

'콘텐츠 지원사업'에 참여하여 Literacy UNIT 1 중 1개의 에피소드 애플리케이션화 작업 및 추가 에피소드 분량 제작에 필요한 음원 녹음을 완료하였습니다. 이외에 상호작용 효과를 추가할 수 있는 부분과 불가능한 부분을 명확하게 알고 작업할 수 있어서 명확한 지표를 설정하는 데 많은 도움이 되었습니다. 이번 지원사업을 통해 개발한 애플리케이션을 가맹점에 배포하고, 현재 사용 중인 타사의 애플리케이션을 대체하여 상용화할 예정입니다. 또한 일반 사용자를 대상으로 추가 에피소드를 배포할 예정입니다.

든든한 소통 창구로서,
기업의 가장 가까이에 자리하다

진흥원은 화성시 기업의 소통 창구로서 자리하고 있습니다.
기업 간 네트워크를 지원하고 기업지원사업 창구인 '기업지원플랫폼'을 구축하여
기업의 목소리에 귀 기울이고자 노력하였습니다. 앞으로도 기업 가까이에서
소통하며 내일을 준비해 나가겠습니다.

질의 응답

맞춤형 컨설팅을 위한 기업지원
One-STOP 창구를 구축하다

진흥원은 창업, 기술, 인증, 생산관리, 판로개척 분야를 아우르는 맞춤형 컨설팅을 실시하였습니다. 70개사 대상 최대 3회까지 컨설팅 제공으로, 기업의 경영 애로를 신속하게 해결하고 기업하기 좋은 환경을 만들고자 노력하였습니다.

기업 네트워크 지원, 찾아가는
기업지원사업 소개

화성시 기업인 모임을 대상으로 진흥원 직원이을 직접 파견하여 '찾아가는 지원사업 소개를 실시하였습니다. 더욱 많은 기업이 지원사업에 참여할 수 있도록 하였으며, 기업 네트워크 25회를 개최하고 800여 명의 기업 관계자를 만났습니다.

2022년 화성시기업인연합회 신년인사회 및 월례회의

2022. 1. 21. 화성상공회의소

화성시 지원사업 정보를 한눈에, 기업지원플랫폼

화성시 산업 진흥을 위해 각종 산업 정보를 한눈에 파악할 수 있는 '기업지원플랫폼'이 구축되었습니다. 14개 산업단지 2,913개사, 38개 지식산업센터 3,533개사의 정보를 제공하여 화성시 기업 간 거래의 활성화를 위한 기반을 다지고 있으며, e-카탈로그 제작으로 5개 분야 생활 소비재 제품 정보를 쇼핑몰 홈페이지와 연계하여 제공하고 있습니다. 기업지원플랫폼을 활용하는 기업지원사업은 지속적으로 확대될 예정입니다.

2022년 화성시 융합확대 지원사업

★

함께 성장할 수 있도록, 튼튼한 연결 고리를 만들다

진흥원은 화성시 기업이 협력으로 상생하고 함께 성장할 수 있는 환경을 만들어 갑니다.
온·오프라인 홍보 창구를 열어 기업의 인지도를 제고하고 판로를 개척하였으며,
국내 유통채널 MD를 초청하여 기업 제품 품평을 진행하고 전문가 자문을 지원하는 등
내실 있는 지원사업을 운영하고 있습니다. 한계를 넘고 성장할 수 있도록, 진흥원이 함께합니다.

성공적인 온라인 판로 개척을 위한 교육 진행

화성시 중소기업 및 예비 창업자의 성공적인 온라인 판로 개척을 위한 온라인 홍보·마케팅 교육이 수원대학교 미래혁신관에서 진행되었습니다. 상반기에 진행된 '국내 주요 포털 쇼핑몰 입점 및 마케팅 전략' 강의에는 53명이, 하반기에 진행된 '온라인 스토어 및 SNS 마케팅 전략' 강의에는 55명이 참여하여 체계적인 온라인 마케팅 방법과 구체적인 실천 전략을 배웠습니다. 참여자들의 평균 만족도는 93%에 달하였습니다.

국내 대형 유통채널 MD와 함께하는
상담회 운영

진흥원은 국내 유통채널 MD를 초청하여 생활소비재 MD 상담회를 개최하였습니다. 이날 22명의 유통 MD와 생활소비재 중소기업 30개사 관계자가 참가하였으며 MD는 참가기업의 제품을 품평하고 국내 시장성을 평가하였습니다. 관심 품목 등에 따라 기업과 MD 간 1:1 사전 매칭을 진행한 뒤 상담 기회를 제공하였고, 유통과 관련해 법무·회계 등 자문 받을 수 있는 창구를 별도 운영하여 내실 있는 행사로 꾸려나갔습니다.

생활소비재 기업 홍보, 지원사격에 나서다

생활소비재 중소기업의 판로 개척 및 거래 활성화를 위한 '화성시 공동브랜드' 사업도 운영하였습니다. 주요 포털 라이브커머스 방송에 필요한 스튜디오와 장비 등을 지원하고, 국내 최대 생활소비재 박람회인 '2022 수원 메가쇼'에 화성시 공동관을 구축하였습니다.

수원 메가쇼는 250개사 400개 부스가 참가하는 대규모 행사로 소비자 및 바이어가 5만여 명 참여할 것으로 예상되어 큰 홍보 효과를 누릴 수 있을 것으로 보입니다. 진흥원은 참가기업에 부스 임차료, 부스 장치비, 간판, 조명, 콘센트, 카펫 등을 지원하여 기업이 걱정 없이 홍보에만 집중할 수 있도록 할 예정입니다.

또한 제조업에 해당하거나 OEM 제작을 진행한 기업, 그리고 네이버 스마트 스토어가 새싹 등급 이상인 기업 5개사를 선정하여 1시간 가량의 네이버 쇼핑 라이브에 참여하도록 지원하였습니다. 조명, 스튜디오 등 방송에 필요한 기본 장비와 쇼호스트 및 홍보용 썸네일 제작, 사전 마케팅 등을 지원하였습니다.

모두가 웃을 수 있도록, 함께 성장해요

진흥원은 화성시 대기업과 중소기업 간 동반 성장을 위해 '대중소 동반성장 프로그램'을 운영하고 있습니다. 동반성장 수요과제를 접수하고 수요기업과 화성시 중소기업 간의 매칭을 실시하여 최종 5개사를 선정, 협약체결을 진행하였습니다.

걷다 느끼다 쓰다

이해사 지음
320쪽 | 15,000원

내 글도 책이 될까요?

이해사 지음
320쪽 | 15,000원
(2021 우수출판콘텐츠 선정)

누구나 쉽게 작가가
될 수 있다

신성권 지음
284쪽 | 15,000원

베스트셀러 절대로
읽지마라

김욱 지음
288쪽 | 13,500원

리더의 격(양장)

김종수 지음
244쪽 | 15,000원

감사, 감사의 습관이
기적을 만든다

정상교 지음
246쪽 | 13,000원

직장 생활이 달라졌어요

정정우 지음
256쪽 | 15,000원

살아가면서 한번은
당신에 대해 물어라

이철휘 지음
256쪽 | 14,000원

내 손을 잡아줘

김선우 지음
264쪽 | 20,000원

숫자에 속지마

황인환 지음
352쪽 | 15,000원
(2017 세종도서 교양부문 선정)

행복한 노후 매뉴얼

정재완 지음
500쪽 | 30,000원
(2022 세종도서 교양부문 선정)

1등이 아니라 1호가 되라(양장)

이내화 지음
272쪽 | 15,000원

삶을 업그레이드 하는 더 나은 삶 —————————— 모아북스 건강관리 도서

해독요법

박정이 지음
304쪽 | 30,000원

몸에 좋다는 영양제

송봉준 지음
320쪽 | 20,000원

자기 주도 건강관리법

송춘회 지음
280쪽 | 16,000원

손으로 보는 건강법

이 욱 지음
216쪽 | 17,000원

당신이 생각한 마음까지도 담아 내겠습니다!!

책은 특별한 사람만이 쓰고 만들어 내는 것이 아닙니다.
원하는 책은 기획에서 원고 작성, 편집은 물론,
표지 디자인까지 전문가의 손길을 거쳐
완벽하게 만들어 드립니다.
마음 가득 책 한 권 만드는 일이 꿈이었다면
그 꿈에 과감히 도전하십시오!

업무에 필요한 성공적인 비즈니스뿐만 아니라 성공적인 사업을 하기 위한
자기계발, 동기부여, 자서전적인 책까지도 함께 기획하여 만들어 드립니다.
함께 길을 만들어 성공적인 삶을 한 걸음 앞당기십시오!

도서출판 모아북스에서는 책 만드는 일에 대한 고민을 해결해 드립니다!

모아북스에서 책을 만들면 아주 좋은 점이란?

1. 전국 서점과 인터넷 서점을 동시에 직거래하기 때문에 책이 출간되자마자 온라인, 오프라인 상에 책이 동시에 배포되며 수십 년 노하우를 지닌 전문적인 영업마케팅 담당자에 의해 판매부수가 늘고 책이 판매되는 만큼의 저자에게 인세를 지급해 드립니다.

2. 책을 만드는 전문 출판사로 한 권의 책을 만들어도 부끄럽지 않게 최선을 다하며 전국 서점에 베스트셀러, 스테디셀러로 꾸준히 자리하는 책이 많은 출판사로 널리 알려져 있으며, 분야별 전문적인 시스템을 갖추고 있기 때문에 원하는 시간에 원하는 책을 한 치의 오차 없이 만들어 드립니다.

기업홍보용 도서, 개인회고록, 자서전, 정치에세이, 경제 · 경영 · 인문 · 건강도서

화성 트리플-엑스

초판 1쇄 인쇄 2023년 09월 05일
1쇄 발행 2023년 09월 15일

지은이 나원주
발행인 이용길
발행처 **모아북스**
MOABOOKS

총괄 정윤상
편집장 김이수
관리 양성인
디자인 이룸

출판등록번호 제 10-1857호
등록일자 1999. 11. 15
등록된 곳 경기도 고양시 일산동구 호수로(백석동) 358-25 동문타워 2차 519호
대표 전화 0505-627-9784
팩스 031-902-5236
홈페이지 www.moabooks.com
이메일 moabooks@hanmail.net
ISBN 979-11-5849-216-8 03340